한 사람의 생명이 달린 심장혈관흉부외과의 업무는 언제나 긴장의 연속입니다. 나의 제자 주석중은 이 긴장 속에서도 다른 이들을 향한 따뜻함을 놓지 않았고, 흉부외과의 발전을 위해 끊임없이 연구하고 노력했습니다. 주석중은 생명을 살리는 자신의 직업과 삶을 사랑했습니다. 주석중의 마음이 읽는 분들에게도 전해지고, 살아가는 삶의 자리에서 기쁨이 커지기를 바랍니다.

-조범구(연세대학교 의과대학 명예교수, 전 한국심장재단 이사장)

소명 의식을 갖고 고단하고 여유 없는 생활을 오히려 축복으로 받아들이며 환자의 건강을 최고의 가치로 여기며 살았던 주석중 교수님.
당신의 땀과 열정으로 꺼져 가던 많은 생명이 소생하는 기적을 이루었습니다. 원통하고 아쉽지만 이제 다 내려놓고 편안히 쉬십시오.
당신이 남긴 소중한 꿈은 당신을 기억하는 모든 사람을 통해 널리 펴질 것입니다.

-전종관(이대목동병원 산부인과 교수)

슬의생의 시작은 흉부외과다. 몇 초의 차이로 생과 사가 갈리는 흉부외과야말로 병원의 심장과도 같은 존재이다. 더불어 저승 문턱에 닿은 환자의 생명을 다시 가족의 품으로 돌려보내는 사람, 나에게 흉부외과 의사는 무한 존경의 대상이자 이 시대 최고의 스페셜리스트이다.
하지만 이 책이 아니었음 몰랐을 것이다. 주 교수님이 이뤄 낸 지금의 이 성과들은, 셀 수 없이 많은 노력과 희생의 시간들로, 개인의 삶은 사라진 채 오직 환자만을 위한 헌신의 시간들로 인해 가능했던 일임을, 미처 알지 못했을 것이다.
희귀하다 못해 점점 소멸해 가는 흉부의, 만약 지금 당신이 의학도를 꿈꾸고 있다면, 그리고 진짜 의사를 만나고 싶다면, 이 책을 통해 주 교수님을 만나 보기를 추천한다.

-이우정(작가)

진실함과 사랑을 담아 한 사람, 한 사람을 대한 주 교수님은 우리 곁에 머물렀던 작은 영웅이었습니다. 우리는 누군가에게 좋은 사람이 되고 싶어 하지만, "좋은 사람은 어떤 사람일까?"라는 질문에는 쉽게 답하기 어렵습니다. 교수님을 통해 삶과 사람을 마주하는 마음가짐을 배우게 됩니다. 인생에서 소중한 가치를 발견하고 싶은 분들에게 주석중 교수님의 이야기를 추천합니다.

-조인성(배우)

예수님의 말씀처럼 세상의 빛, 세상의 소금으로 사셨던 주석중 집사님은 교회 내에서도 빛으로 사셨습니다. 주석중 집사님이 섬기셨던 호산나 찬양대는 매주일 1부 예배를 위해 아침 일찍부터 준비합니다. 집사님은 하나님께서 주신 찬양의 은사로, 또 특유의 성실함으로 오랜 기간 그 자리를 지키셨습니다. 주께서 왜 그토록 급하게 천국에서 주 집사님을 필요로 하셨는지 우리는 알 수 없지만, 천국에서도 빛으로 소금으로 쓰임 받으실 집사님을 그려 봅니다.

-김화수(주님의교회 담임목사)

〈울지마 톤즈〉의 주인공 이태석 신부. 그가 전해 준 감동과 울림은 여전히 제 가슴에 여운으로 남아 있습니다. 그런데 동일한 울림을 주신 분이 있습니다. 서울아산병원 흉부외과 주석중 교수님입니다. 그의 사망 소식이 전해지자 함께 팀을 이루어 수술했던 동료 의사들뿐 아니라 그분의 지극한 헌신으로 생명을 다시 찾은 환자들이 가슴을 치며 통곡했습니다. 과연 그가 어떤 분인지, 어떤 자세로 치료에 열중했는지 그의 헌신적인 삶의 일거수일투족을 읽을 수 있게 되었습니다. 의미 있는 삶을 추구하는 모든 분들에게 일독을 권합니다.

-이전호(충신교회 담임목사)

의사, 주석중

의사, 주석중

사람을 사랑한,
삶을 사랑한
진짜 의사의 이야기

소복소복

와, 이런 날이 있네.
Boy, what a day.

바깥 날씨가 무슨 상관이란 말인가!
내 마음이 이렇게 밝고 눈부신데.

Who cares about the air.
Who cares about the outside.
Inside, it's bright and shiny.

내일은 또 무슨 일이 일어날까?

흉부외과 의사의 삶은
정말 한 치 앞을 내다보기 힘든
예측 불가능한 삶의 연속인 것 같다.
재미있다.

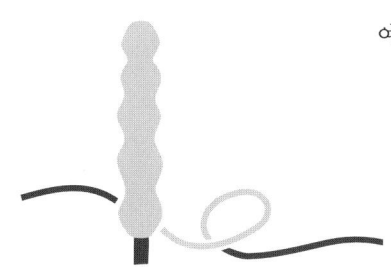

차례

Farewell, 작별

예기치 못한 이별	14
동료들의 눈물	20
장남의 인사	25
그가 그린 천국	30

Frontline, 최전선

휴일 없는 삶	36
환자 바라기	40
예수님의 손	44
와, 이런 날이 있네	50
끝없는 배움	54
마르판 클리닉	57
살아날 확률	62
그래도 재미있는 일	67
빛나는 성과	72
흉부외과 의사로서의 고민	77
선배의 뒷모습	83
너그러우신 주님	88

Calling, 소명

서툰 모국어	96
생명을 향한 관심	101
의대생이 되다	104
흉부외과를 선택하다	107
그녀를 만나다	111
기회를 만드는 준비	116
남과 다른 길	119
인간의 한계 앞에서	122
세 아들	127

Favorite, 애정

가장 귀중한 자산	134
뷰파인더에 담은 것	139
아날로그 인간	144
문학소년	148
즐거운 식탁	153
함께한 일상	158
선율이 흐르는 인생	162
투명한 진심	166
주는 것이 더 복되도다	169

Glory, 영광

내가 의지할 분	174
기도의 삶	179
고통 속에서	183
더 깊은 곳으로	189
믿음과 구원	193
어머니에게 쓴 편지	197
건네지 못한 생일 카드	203
가장 크고 유일한 영광	208
평생 당신의 조연이 될게	212

주석중의 자전거가
병원 앞 교차로 건널목으로 진입했다.

그 순간, 올림픽대로 하남 방향으로
우회전하던 덤프트럭이 그와 부딪혔다.

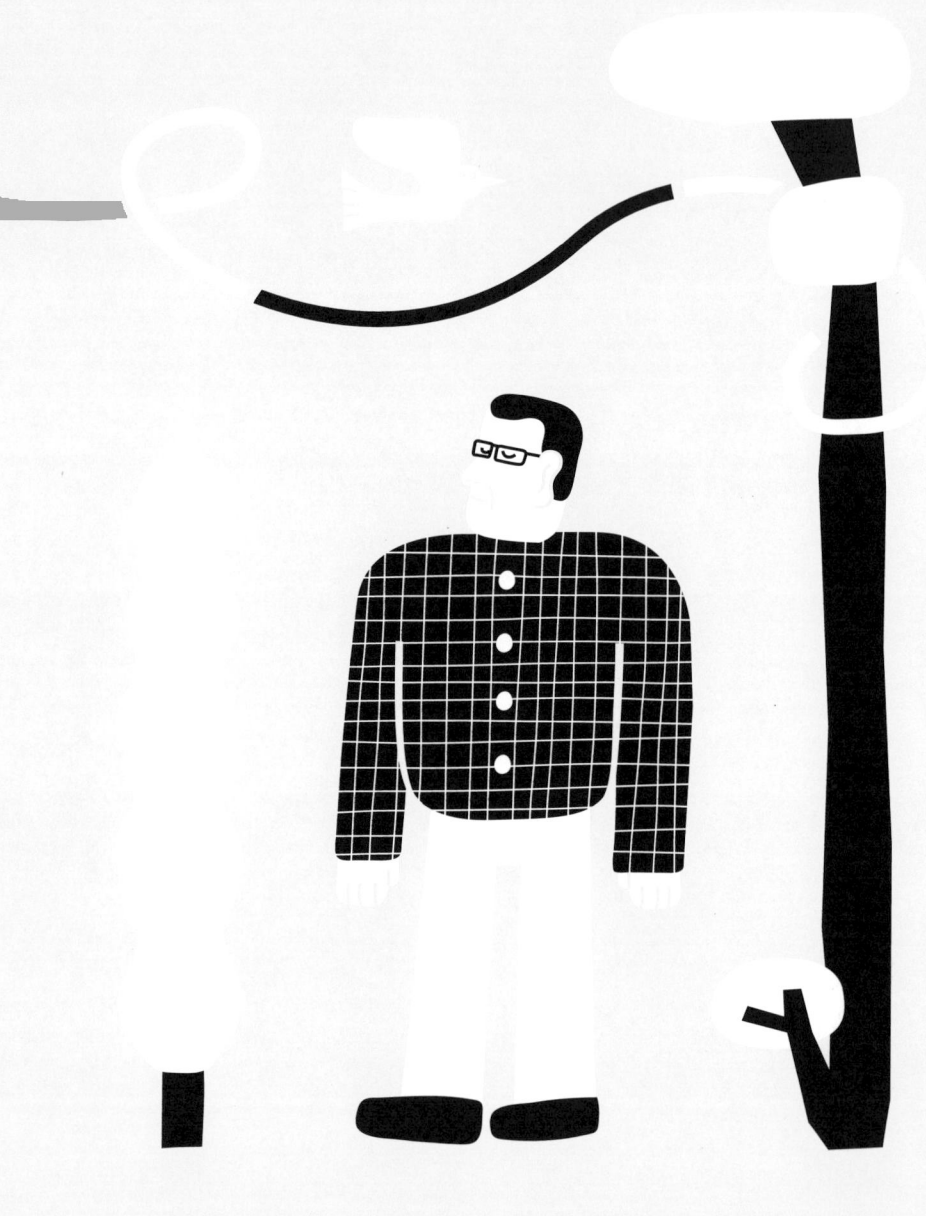

Farewell, 작별

예기치 못한 이별

동료들의 눈물

장남의 인사

그가 그린 천국

예기치
못한 이별

"밤샘 수술 서울아산병원 흉부외과 의사, 병원 앞 교통사고로 사망"

주석중의 장례식은 그가 25년 동안 근무한 서울아산병원에서 치러졌다. 아내는 남편의 마지막 길을 최고로 해 주고 싶었다. 장례식장도 가장 넓고 좋은 곳으로 택했다. 조카 지홍은 걱정이 됐다. 이모의 마음은 이해되지만, 큰 장례식장이 허전하면 슬픔이 더해질 것 같아 따로 화환을 주문하려고 했다.

가족들은 생전에 일과 가족밖에 모른 그에게 찾아올 사람이 많지 않으리라 생각했지만, 장례식장은 그의 아내도 놀랄 만큼 많은 화환과 사람들로 넘쳐났다.

"고등학교, 대학교 친구들이 정말 많이 오셔서 놀랐어요. 평소에는 가족과 시간을 보내거나 혼자 기타 치는 걸 좋아하고, 술도 마시지 않으니 친구들이 별로 없을 거라고 생각했어요."

그는 사교적인 성격이 아니었다. 생후 9개월에 한국을 떠나 일본에서 유아기를 보내고, 곧바로 캐나다와 미국에서 초등학교에 다녔다. 이후 귀국해 남대문중학교에 입학했지만, 다시 한국을 떠나 미국과 홍콩에서 중·고등학교 시절의 대부분을 보내야 했다. 또다시 한국으로 돌아와 중앙고등학교를 졸업할 때까지 그는 초등학교 세 군데, 중학교와 고등학교를 각각 두 군데씩 다녀 모두 일곱 군데의 학교에 다닌 후에야 대학에 입학할 수 있었다.

그는 친구들과 어울려 보내는 시간보다 혼자서 책을 읽고 기타를 치는 고독의 시간에 더 익숙했다. 하지만 짧은 만남이었음에도 사람들은 그의 타고난 선함과 진실함, 순수함을 금방 알아채고 그와 친구가 되었다. 친구들은 그를 이렇게 추억했다.

"학창 시절부터 성실하고 착했어요. 자주 보지 못했지만 석중이가 내 친구인 게 자랑스러워요."

"석중이네 집이 연희동이라 학교와 가까웠어요. 그래서 친구들이랑 놀다 늦은 날에는 석중이네 집에서 자곤 했어요. 새벽에 잠깐 깨서 보니 석중이는 일어나서 공부하고 있더라고요. 참 성실했던 친구였어요."

평소 안면이 없던 이웃 주민들까지 조문을 왔다.

"주 교수님은 저를 모르시지만 저는 교수님을 알아요. 제가 전에 응급실 간호사였거든요. 환자 상태를 보러 응급실까지 잘 내려오지 않는 교수님들도 있는데, 주 교수님은 자주 가셨을 거예요. 아침에 베란다에서 출근하시는 교수님을 보며 '주 교수님이 또 바쁘게 병원으로 가시네.' 하고 생각했었는데……."

조카는 이모부의 장례식을 치르면서 많이 놀랐다.

"정말 상상할 수 없을 만큼 많은 분이 오셨어요. 이모부 소식이 뉴스에 계속 나오면서 환자와 환자 가족들, 그리고 전 국민이 같이 슬퍼해 주었잖아요."

그에게 진료받은 환자와 환자 가족들은 그가 생전에 어떤 의사였는지 온라인 뉴스에 댓글을 달기 시작했고, 그에 관한 뉴스가 연일 이어졌다. 나중에는 뉴스로 주석중을 접한 사람들까지 그의 죽음을 안타까워하면서 추모의 물결이 이어졌다.

- 교수님 덕에 아버님과 소중한 15년을 더 보낼 수 있었습니다.
- 주석중 교수님, 우리 남편을 살려 주셔서 감사합니다.
- 교수님의 잔잔한 미소와 함께했던 진료를 늘 기억하겠습니다.
- 우리 시대의 영웅, 주석중 교수님이 선물한 선한 영향력을 두고두고 기억하겠습니다.
- 드라마에 나오는 김사부가 존재한다면 바로 저분이 그 주인공이 아닐지 생각합니다.
- 탁월함과 부지런함, 겸손함과 박애의 마음을 함께 품고, 온전하고 신실하게 살아내는 것이 가능함을 수많은 증인을 통하여 보여주신 위대한 의인이십니다.
- 오늘이 발인이네요. 주석중 교수님이 우리 오빠를 살려 주셨어요.

-내 심장 수술을 해 주셨던 고마운 선생님. 늘 온화한 모습으로 말씀해 주시던 선생님을 이제 더 뵐 수 없다니 너무 가슴 아픕니다.
-주석중 교수님은 저희 외할아버지를 살려 주신 생명의 은인입니다.
-선생님, 저희 어머니를 살려 주셔서 감사합니다.
-아버지의 응급 수술부터 지금까지, 존경의 마음이 저절로 우러나올 정도로 환자들에게 최선을 다하시는 참 좋은 선생님이셨어요.
-교수님처럼 살지는 못해도 남에게 피해 주지 않으며 살겠습니다. 아니, 헌혈이라도 해서 남에게 도움이 되겠습니다.
-주석중 선생님 덕분에 '또 다른 삶'을 살고 있습니다. 감사합니다.
-이런 의사가 있기에 환자들은 너무 감사합니다. 행운이지요.
-주석중 교수님의 헌신에 대한민국 국민의 한 사람으로서 깊이 고개 숙여 감사드립니다.

주 교수에게 직접 수술받은 환자 본인뿐 아니라 아버지, 어머니, 할아버지, 할머니, 오빠, 심지어 자신의 증조할머니를 수술해 주었다는 이까지 감사 인사를 전하며 조의를 표했다. 소식을 듣고 직접 장례식장을 찾은 사람들은 조의금 봉투 안에 편지를 넣거나 겉면에 짧은 메모를 남겼다.

주석중 선생님, 저는 선생님께 수술받고 10년이 지나도록 아무런 불편 없이, 이상 증세 한 번 없이 건강하게 잘 살고 있습니다. 그런데 오늘 아침 신문으로 선생님의 비보를 접하게 되었습니다. 이게 무슨 청천벽력입니까. 선생님 같은 명의를 하나님은 왜 데려가십니까. 선생님이 살려 주신 수많은 환자는 누구를 믿고 안심하며 살아갈 수 있겠습니까. 앞날이 깜깜합니다. 주석중 선생님, 이제 편안하게 쉬십시오. 저도 머지않아 선생님 곁으로 가겠습니다.
-권○○

저희 아버지를 두 번이나 수술해 주신 영웅이십니다. 저희 아버지와 저는 고인께 항상 감사하며 살아왔기에, 그만큼 슬픔을 이루 말할 수가 없습니다. 부디 좋은 곳으로 가셔서 평안하게 영면하소서.
-주 교수님의 환자 김○○의 아들 김○○

올해 2월에 일본에서 기흉이 생겨 급하게 귀국하여 수술해야 할 때 주석중 교수님께서 응급실에서부터 병실 입원, 수술까지 신경 많이 써 주시고, 가족처럼 돌봐 주신 은혜를 평생 잊지 않겠습니다. 천국에서 편히 쉬시길 기도합니다.
-88년 졸업 동기 주○○의 큰아들 김○○

주석중 교수님의 소식에 주말 내내 슬펐습니다. 아마 저뿐만 아니라 병원 가족들이 모두 같은 마음이었을 것 같습니다. 교수님과 개인적인 친분을 많이 나누지는 못하였지만, 묵묵히 환자들을 돌보는 데 헌신하시는 분이라는 이야기를 많이 들었습니다. 주 교수님을 떠나보내는 가족들의 슬픔이 너무나 크시리라 생각됩니다. 국민뿐 아니라 병원 식구들도 모두 깊은 애도의 마음을 함께하며 위로의 말씀을 드리고 싶습니다.
-A 병원 피부과 교수 이○○

주석중 교수님! 생의 마지막까지 대동맥 환자를 살리기 위해 희생한 교수님의 뜻을 잊지 않겠습니다. 부디 영면하시길 바랍니다.
-S 병원 심장혈관외과 심○○

안타깝게도 불의의 사고로 천국에 먼저 갔지만, 그곳에서는 충분한 쉼을 누리길 바라며, 여기 남은 가족들의 평안을 위해 기도해 주길 바라.
-친구 박○○

환자와 그 가족들, 병원 동료들, 이웃 주민들과 친구들. 그의 부재를 슬퍼하고 그의 생전을 그리워하는 이들이 끊임없이 장례식장으로 몰려왔다. 계속되는 국민적 관심은 한 방송사의 다큐멘터리 제작으로까지 이어졌다.

동료들의
눈물

그날 장례식에 오고 싶어도 올 수 없는 사람이 있었다. 그는 순천향대학교 부천병원 심장혈관흉부외과 신성호 교수였다. 그는 그날도 수술실에 들어가야 했다. 둘은 자주 한 시간씩 통화할 정도로 친했다. 처음 사고 소식을 듣고 믿지 못한 것은 신 교수도 마찬가지였다. 금요일 오후 2시, 서울아산병원 흉부외과로부터 연락이 왔다.

"선생님, 연락받으셨어요?"

"무슨 연락이요?"

"주 선생님이 돌아가셨어요."

"무슨 소리예요? 엊그제도 통화했는데……. 다시 알아봐 주세요."

전화를 끊은 신 교수는 고개를 가로저었다.

'아닐 거야. 그럴 리가…….'

하지만 잠시 후 다시 걸려 온 전화를 받고는 온몸에 힘이 빠졌다.

'내가 위험하다고, 그렇게 자전거 타지 말라고 했는데…….'

둘은 2004년 서울아산병원에서 처음 만났다. 주 교수는 당시 조교수였고, 신 교수는 서울아산병원 임상강사로 일하기 시작하면서 새로운 환경에 적응하는 중이었다. 둘은 6개월 동안 함께 일하며 친해졌다. 주석중 교수는 신 교수의 선배이자 스승이었고, 마지막에는 속 깊은 고민까지 나누는 친구가 되었다. 신 교수가 부천에서 일을 마치고 서울 집까지 오는 2시간 동안 둘은 전화로 대동맥학회 일을 포함해 이런저런 이야기를 나누곤 했다. 주 교수가 식사 중에도 전화를 끊지 않자, 아내가 한마디 했다.

"밥 다 식겠네."

주 교수의 아내뿐만이 아니었다. 신 교수의 아내도 둘의 통화를 듣다가 짧게 말했다.

"50대 남자들이 무슨 할 말이 그렇게 많아요?"

사고가 나기 보름 전, 춘계학술대회가 부산에서 열렸다. 신 교수는 매번 선배에게 얻어먹기만 한 것 같아 이참에 맛있는 식사를 대접하리라 마음먹었다.

"주 교수님, 학회 마지막 날 시간 좀 내 주세요. 같이 식사하시죠. 사모님도 모시고 오세요, 저도 아내와 갈게요."

"허허, 그래."

그렇게 부부 동반으로 맛있는 음식을 먹으면서 담소를 나눴다.

"오늘은 아우가 좀 내겠습니다."

신 교수가 서둘러 계산대 앞으로 나갔다.

"허허, 그래. 다음에 내가 낼게. 또 자리 만들자."

학술대회는 일 년에 두 번 봄, 가을에 있으니, 가을쯤 둘은 다시 얼굴을 마주하고 식사 자리를 가졌을지도 모른다. 하지만 언제나 마지막은 예고가 없어서 더욱 안타깝다.

"사진 한 장 같이 못 찍은 게 못내 아쉬워요. 음식 세팅이 예쁘다고 사진을 찍었는데, 거기 주 교수님의 손만 나왔어요."

두 사람은 흉부외과 의사로서 많은 것들을 공유하는 동료이자 개인사를 함께 나누는 친구이기도 했기에 상실의 슬픔은 더욱 컸다.

"한동안 일이 손에 잡히지 않았어요. 나는 이제 누구랑 상의해야 하나 싶었어요. 주 교수님은 나에게 일뿐만 아니라 개인적으로도 많은 도움을 주셨어요. 가끔 환자 치료가 힘들어 좌절할 때면 교수님은 늘 '할 수 있어.', '하나님께서 너와 함께 계시니 두려워하지 말고 기도 열심히 해.'라고 격려해 주셔서 큰 힘이 되었죠."

장례식을 마치고 한 달 뒤, 신성호 교수는 주석중 교수와 서울아산병원에서 함께 펠로우(fellow, 전임의)를 했던 제주한라병원 이상권 선생으로부터 전화를 받았다.

"주 교수님이 어제 꿈에 나오셨어. 얼굴은 조금 달라 보였는데, 표정이 너무 밝았어. 하늘에서 지금 편하게 계신 것 같아. 둘이 잡담하다가 깼어."

두 사람은 주 교수를 떠나보낸 서로에게 위로를 건넸다.

대동맥 수술 명의의 갑작스러운 죽음은 국민적 관심을 불러일으

켰고, 우리나라 필수 의료의 현실을 돌아보게 했다. 의료계의 동료들도 그의 죽음을 추모하는 한편, 흉부외과 의료 현실을 개선해야 한다는 목소리를 냈다. 전 대한의사협회 회장이자 주석중의 대학 선배인 노환규 교수는 그의 SNS에서 이렇게 말했다.

"흉부외과 의사들이 특별히 애통해하는 이유는 얼마나 많은 개인적 노력과 희생, 환경의 투자가 있어야만 그런 의사가 메스를 잡고 수술로 탁월한 결과를 만들어 낼 수 있는지를 잘 알고 있기 때문이다."

전 대한심장혈관흉부외과학회 이사장이자 서울대학교병원 심장혈관흉부외과의 김경환 교수는 『서울경제』와의 인터뷰에서 이렇게 말했다.

"심장, 폐 수술을 할 수 있는 의사 한 명을 양성하는 데 몇 년이 걸리는지 아십니까? 의과대학 6년에 레지던트 4년, 펠로우 2년을 거치고도 몇 년은 더 실전 경험을 쌓아야 합니다. 그것도 누군가 책임감을 가지고 가르쳐 줄 사람이 있을 때 가능한 이야기죠. 후배들을 위해 흉부외과를 더 좋게 만들자며 미래를 함께 논의하던 동료가 떠났다는 게 아직도 믿기지 않습니다."

동천동강병원 흉부외과 박상섭 과장은 『울산경제』에 기고한 글에서 이렇게 말했다.

"주석중 선생의 죽음은 한 사람의 죽음이 아니다. 그분을 통해 치료받을 수 있는 수많은 사람의 생명이 함께 죽은 것이나 진배없다. 소명감을 가지고 오로지 환자의 생명을 구하는 데만 헌신하는 제2, 제3의 주석중 선생 같은 흉부외과 의사가 배출되기를 소망한다. 그리고 이들이 긍지를 가지고 적절한 대우를 받으며 진료에만 집중할 수 있는 환경이 만들어지기를 기대한다."

그의 죽음은 수천의 환자와 그의 가족에게 닥친 안타까운 일을 넘어 대한민국 의료 현장에 큰 공백을 가져왔다.

장남의
인사

장례식을 마친 후, 세 아들은 사촌 형, 누나와 함께 유품을 정리하기 위해 아버지가 매일 일하던 연구실에 갔다. 모든 것이 너무나도 자연스러운 상태에서 멈춰 있었다. 잠시 자리를 비운 아버지가 금방이라도 문을 열고 들어올 것만 같았다.

'아버지의 일상.'

메스와 가운, 책상 위 서류들 그리고 서랍 안 수북한 라면수프들. 둘째 아들은 유독 라면 국물을 좋아하셨던 아버지를 떠올렸다.

"종종 집에서 라면을 끓여 먹으면 항상 아빠가 어디선가 나타나셔서 '아빠, 국물만 마실게.' 하며 국물을 한 번 후루룩 드시고 다시 방으로 들어가셨어요."

아들의 라면 국물을 빼앗아 먹던 아버지는 병원에서 생라면만 먹고 수프들은 모아 두었다.

함께 일했던 간호사는 주 교수를 떠올리며 "생라면을 좋아하셨어요."라고 말했다. 생라면과 라면 국물을 좋아하는 것이 일견 모순처럼 보이지만, 삶에는 이런 역설이 생각보다 많다. 그가 흉부외과 의사로서 치열한 수술 현장에서 밤낮없이 일하면서도 "흥미진진하고 재미있다."라고 고백한 것처럼.

장남 현영은 전 국민이 아버지를 향해 보낸 추모의 마음에 감사를 담아 다음의 글을 써 내려갔다.

저는 고 주석중 교수의 장남 주현영입니다.

여러분께서 따뜻한 위로와 격려로 저희와 함께해 주신 덕분에 아버지의 장례를 무사히 마쳤습니다. 아무도 예상하지 못했던 이별이라 이루 말할 수 없이 슬프고 비통했지만, 정말 많은 분이 오셔서 아버지가 평소 어떤 분이었는지 이야기해 주시고, 진심 어린 애도를 해 주셔서 가족들에게 큰 힘이 되었습니다.

장례를 마치고, 며칠 후 유품을 정리하러 연구실에 갔었습니다. 방금 수술복으로 갈아입고 나가신 것 같은 옷가지들과 책상 위 서류들, 몇 개의 메스와 걸려 있는 가운 등 금방이라도 돌아오실 것 같은데 다시 뵐 수 없음에 가슴이 미어졌습니다. 쓰시던 책상 서랍 여기저기, 그리고 책상 아래 한편에 놓인 상자에 수도 없이 버려진 라면수프가 널려 있었습니다. 제대로 식사할 시간을 내기 어려워서, 아니면 그 시간조차 아까워서 연구실 건너 의국에서 생라면을 가져와 면만 드시고 수프는 버려두신 게 아닌가 여겨졌습니다. 오로지 환자 보는 일과 연구에만 전심전력을 다하시고 당신 몸은 돌보지 않던 평소 아버지의 모습이 그대로 느껴져 너무나 가슴 아팠습니다.

정리되지 않은 채 뒤섞여 있는 서류들 속에는, 평소 사용하시던 만년필로 직접 쓴 몇 개의 기도문이 있었습니다. 벽에 있는 작은 게시판에도 기도문 한 장이 붙어 있었습니다. 영문으로 쓴 그 기도문의 한 구절은 이렇습니다.

"…… but what can I do in the actual healing process? Absolutely nothing. It is all in God's hands."

정성을 다해 수술하고 환자를 돌보지만 내 힘은 정말 아무것도 아니니, 하나님께서 도와주십사 간절히 기도하는 마음을 그렇게 적어 두신 듯합니다.

아버지의 빈소가 마련된 첫날, 펑펑 울면서 찾아온 젊은 부부가 있었습니다. 갑작스러운 대동맥 박리로 여러 병원을 전전하였으나 어려운 수술이라며 모두 꺼려 마음의 준비를 하고 있었는데, 저희 아버지께서 집도하여 새로운 생명을 얻었노라며 너무나 안타까워하시고 슬퍼하셨습니다. 아무리 위험한 수술이라도 "'내가 저 환자를 수술하지 않으면 환자가 죽는다.' 이런 생각이 들면 내가 감당해야지 어떡하겠냐."라고, "확률이나 데이터 같은 것이 무슨 대수냐."라고 하셨던 아버지의 말씀이 떠올랐습니다.

아버지께서는 너무나 힘들고 긴장되고 시간도 오래 걸리는 심장 수술임에도 정성을 다해 도와주신 많은 분들께 늘 고마워하셨습니다. 마음을 말로 표현하는 데 능한 분이 아니셔서 아버지의 진심이 전해지지 못했다면 이렇게나마 아버지의 뜻을 전해 드리고 싶습니다.

아버지께서 돌아가시기 얼마 전, 어머니께 뜬금없이 이런 말씀을 하셨답니다.

"나는 지금껏 원 없이 살았어. 수많은 환자를 수술해서 잘 됐고, 여러 가지 새로운 수술 방법도 좋았고, 하고 싶은 연구를 하고, 쓰고 싶었던 논문도 많이 썼어. 하나님께서 주신 소명을 다한 듯하여 감사하고 행복해."

마치 당신의 앞날을 예감하셨던 것일까요. 저희는 아버지의 자취가 너무나 그리울 것 같습니다. 많은 분께서 저희 아버지를 누구보다 따뜻하고 순수한 가슴을 지닌 사람으로 기억해 주셨습니다. 여러분이 기억해 주신 아버지의 모습과 삶의 방식을 가슴에 새기고, 부족하지만 절반만이라도 아버지처럼 살도록 노력하겠습니다. 다시 한번 걸음 하셔서 아버지 가시는 길을 배웅해 주시고 위로해 주신 데 대해 깊이 감사드립니다.

감사합니다.

-유족을 대표하여 주현영 올림

이 글은 또다시 언론을 통해 타전되었다. 특별히 그가 아내에게 남긴 말에서 그가 남긴 감사와 자족을 느낀다.

"나는 지금껏 원 없이 살았어. 수많은 환자를 수술해서 잘 됐고, 여러 가지 새로운 수술 방법도 좋았고, 하고 싶은 연구를 하고, 쓰고 싶었던 논문도 많이 썼어. 하나님께서 주신 소명을 다한 듯하여 감사하고 행복해."

바쁘고 분주한 삶. 생라면으로 끼니를 대신했던 시간들. 하지만 하루하루 자신에게 주어진 소명에 최선을 다했던 주석중을 통해 수많은 사람이 생명을 얻었고, 사랑하는 이들의 품으로 돌아가 새로운 하루를 맞이할 수 있었다.

그가
그린 천국

연구실 유품을 정리하고 온 조카 지홍은 이모에게 전화를 걸었다.

"이모부 연구실 컴퓨터에 '기도문'이라는 폴더가 있어서 열어 봤어요."

"기도문?"

"응, 이모부가 힘들고 어려울 때마다 기도하셨던 내용인데, 읽다 보니 너무 눈물이 나요. 이모부가 상상하는 천국을 그리며 쓰신 것도 있는데, 지금 거기 계시다는 생각이 들어서 한편으로는 안심이 돼요."

조카는 긴 기도문 중간에 마우스를 대고 그 부분만 복사해서 이메일에 붙였다.

> When my soul is released after I die, and in Your judgment and infinite grace and mercy if You decide to allow me to live out

eternity in heaven by your side with my wife and family and everyone else that I have ever loved on this earth, I will remain steadfast in my faith in You no matter the hardships that may come my way while I live out my days on earth. I will always speak the truth. I will never choose lies and falsehood out of fear or worst of all for personal gains.

I sometimes imagine what heaven may be like. I imagine that I will never cease to chant of Your greatness and glory of your infinite love, grace and mercy, and the ever-flowing gifts that you endow to those who merely love you and believe in You. Let me be Your servant and give me the gift of faith, Oh Father.

Heaven will be a place where I will live in peace and rejoice in acquiring and learning new knowledge. I will enjoy the hours of the days studying, reading, and acquiring all kinds of knowledge in the library of my dreams from where I can hear the gentle sounds of water flowing down streams filled with fish and unimaginable varieties of wildlife.

I imagine that I will feel the cool gentle breeze of early autumn brushing against my face as I ponder through the heavenly books of paradise. I will walk endless fields of tall grass under the soothing light of your glow amidst a constant flow of a cool gentle wind blissfully wrapping my body. I will see flocks of birds flying above in the sky and interact with beautiful wildlife joyfully coming up close to me so that I can pet and cuddle them and give them my love.

I hope that I will enjoy eternal days in ways that I was never able to on this earth with my family and everyone that I love. We will sit together and spend hours upon hours talking and enjoying the company of each other's presence. I will someday live in total peace and harmony with my wife forever.

I will forever enjoy being in the presence of the company of good souls. I will no longer be subjected to false accusations and the pain of stones being thrown at me by the hypocrites that walked on this earth.

제가 죽어 영혼이 육체를 떠나갈 때, 하나님의 심판과 한없는 은혜와 자비 속에서 아내와 가족, 그리고 내가 이 땅에서 사랑한 모든 사람과 함께 주님이 계신 천국에서 영원히 살 수 있도록 허락하신다면, 저는 이 땅에서 살아가는 동안 어떤 고난이 닥쳐와도 주님을 향한 믿음을 굳게 지키겠습니다. 저는 항상 진실만을 말하고, 두려움이나 개인적인 유익을 위해 거짓과 허위를 선택하지 않을 것입니다.

저는 가끔 천국을 상상합니다. 저는 주님의 위대하심과 영광, 무한한 사랑, 은혜와 자비, 그리고 주님을 사랑하고 믿는 사람들에게 끊임없이 부어 주시는 은사를 영원토록 노래할 것입니다. 아버지, 저를 아버지의 종이 되게 하시고, 믿음을 선물로 주소서.

천국은 제가 평화를 누리며, 새로운 지식을 얻고 배우는 것을 기뻐하는 곳이 될 것입니다. 저는 물고기와 처음 보는 다양한 야생 생물이 가득한 개울을 따라 흐르는 잔잔한 물소리를 들으며 꿈의 도서관에서 연구하고, 읽고, 모든 종류의 지식을 습득하는 시간으로 하루를 채울 것입니다.

하나님 나라에 대한 책을 읽고 사색하며, 얼굴에 스치는 초가을의 선선하고 부드러운 바람을 상상합니다. 몸을 감싸는 시원하고 부드러운 바람이 끊임없이 흐르고, 하나님의 빛 아래 끝없이 펼쳐진 풀밭을 걸을 것입니다. 저는 하늘을 나는 새 무리를 보고, 제게 다가오는 아름다운 야생동물과 교류하며 그것들을 쓰다듬고 껴안으며 사랑할 것입니다.

가족, 그리고 사랑하는 모든 사람과 함께 이 땅에서 결코 누릴 수 없었던 영원한 나날을 누리기를! 우리 함께 앉아 몇 시간이고 이야기를 나누며 서로의 존재를 즐기기를!

언젠가 저는 아내와 영원히 평화롭고 조화롭게 살며, 선한 영혼들과 함께하는 기쁨을 누릴 것입니다. 나는 더 이상 이 땅의 위선자들이 던지는 고통과 거짓의 돌에 맞지 않을 것입니다.

Frontline, 최전선

휴일 없는 삶

환자 바라기

예수님의 손

와, 이런 날이 있네

끝없는 배움

마르판 클리닉

살아날 확률

그래도 재미있는 일

빛나는 성과

흉부외과 의사로서의 고민

선배의 뒷모습

너그러우신 주님

휴일 없는 삶

2012년 5월 5일 어린이날인 토요일 아침. 모처럼 오래간만에 가족들이 집에 모였다. 현영이는 동생들과 아빠 그리고 엄마와 함께 영화를 보러 가고 싶어 했다.

날씨도 좋고, 어린이날이지만 나는 집에서 꼼짝하지 않고 울산대학교 학생강의록을 작성하고 자료를 업데이트해야 했다.

오랜만에 잠도 많이 자고 피곤이 어느 정도 회복된 상태였는데, 갑자기 전화가 왔다.

"교수님, C 병원에서 연락이 왔는데요, A형 대동맥 박리 환자를 보낸답니다."

K의 목소리였다.

"어디?"

"C 병원이요."

"왜 거기서 환자를 보내? 오늘 당직 내가 맞아?"

"네, 교수님."

"알았다. 오면 준비하고 빨리 수술장으로 옮겨라."

"알겠습니다."

하나님 아버지께서 나를 아주 충분하게 훈련시키시는 것 같다.

그가 만년필로 노트에 적은 어린이날의 일기다. 그렇게 어린이날 영화관 대신 응급수술을 하러 병원에 간 그는, 긴 수술을 마치고 환자가 의식을 찾고 나서야 집으로 돌아왔다. 늦은 밤, 늦은 저녁을 먹는 그에게 큰아들이 다가와 물었다.

"아빠, 수술은 잘 됐어요?"

"응. 환자가 의식이 돌아와 안정을 찾아서 너무 기뻐. 끝까지 잘 버텨 준 환자에게 정말 고마워."

흉부외과 주석중 교수의 주전공은 대동맥질환이다. 대동맥류는 우리 몸에서 가장 큰 혈관인 대동맥이 비정상적으로 부풀어 대동맥 박리나 파열을 일으킬 수 있는 질환이다. 대동맥류가 무서운 이유는 언제 어떻게 치명적인 합병증이 나타날지 모르기 때문이다. 의사는 새벽에도 환자 호출이 올지 모르기 때문에 늘 긴장을 늦추지 못한다. 주 교수는 환자가 도착하면 조금이라도 더 빨리 수술하기 위해 병원에서 10분 거리 위치에 살고 있다.

-『서울아산병원 뉴스매거진』530호

흉부외과 중에서도 응급환자가 많은 대동맥 수술 전문의였던 그에게 공휴일은 따로 없었다. 모처럼 가족과 떠난 여행에서도, 매주 모이는 가족 식사 자리에서도 응급 호출이 오면 그는 병원으로 달려가야 했다. 한번은 큰마음 먹고 아이들과 갔던 스키장에서 응급 호출을 받았다. 그는 세 아이를 스키장에 남겨 두고 아내가 운전하는 차에 올라 병원으로 돌아와야 했다. 그 사이 아이들은 떡볶이를 먹으면서 다시 돌아올 엄마를 기다렸다. 아이들은 아버지의 삶에 적응한 지 오래였다. 막내는 그때를 추억하며 담담하게 말했다.

"원래 의사는 그런 건 줄 알았어요."

이제 어른이 되어 자기 분야에서 일하는 장남은 그때보다 더 많이 아버지를 이해하게 되었다. 그는 아버지에게 의사라는 직업은 천직이었다고 말한다.

"누군가는 아빠의 밤낮 없고, 휴일 없는 일상이 숨 막히고 감내하기 어려운 길이라고 생각할 수 있어요. 그렇지만 아빠는 개인사 없는 힘겨운 일상에서 오는 고통보다 생사의 갈림길에 있는 간절한 환자들이 새로운 생명을 얻고 다시금 희망을 품고 살아가는 모습에서 훨씬 값진 보람을 느끼시고, 살아갈 동력을 얻으신 것 같아요. 인술을 행하는 의사란 직업이 지닌 본질적인 목적과 역할에 비춰 봤을 때 아빠에게 흉부외과 의사는 천직이었어요."

'인술을 행하는 의사'야말로 모든 환자가 만나고 싶은 의사이다. 아마도 이것이 수많은 환자와 그의 가족들이 의사 주석중을 그리워하고 추모하는 이유일 것이다. 그가 환자들에게 보여준 친절과 관심은 사람을 향한 사랑이었다. 그가 가진 사랑의 무게만큼 그의 하루는 길고 고단했지만 말이다.

환자
바라기

하루는 자려고 누운 주석중에게 병원에서 전화가 걸려 왔다.
"교수님, 지금 와 주실 수 있으세요?"
오늘 수술한 환자 상태가 좋지 않다는 말을 듣자마자 그가 한마디 한다.
"내가 새벽 2시든, 4시든 전화한다고 뭐라고 해? 왜 환자 나빠진 걸 지금 이야기해?"
이후로 새벽 2시든, 4시든 가리지 않고 전화가 왔다.
"교수님, 지금 빨리 와 주세요!"
벌떡 일어나 옷을 챙겨 입는 남편을 보며 아내는 한숨을 쉬었다.
"사람들은 당신이 지금까지 잠 안 자는 줄 알겠네."
환자를 진료하다 보면 퇴원 후 얼마 지나지 않아 다시 수술할 일이 생기기도 한다. 의사의 삶에는 언제 어떤 일이 일어날지 모른다는 긴장감이 알게 모르게 서려 있다.

특히 아직 환자가 중환자실에 있는 상태라면 더더욱 긴장의 끈을 놓지 못한다. 주석중은 중환자실에 자주 내려가는 교수 중 한 명이었다. 동료들이 생전에 그를 부르는 별명 중 하나가 바로 '환자 바라기'이다. ICU(intensive care unit, 중환자실) 간호사들이 그에게 보내는 생일 카드에 "병원과 통화하기보다 가족과 더 많은 통화를 하세요.", "병동은 저희가 잘 돌볼 테니 너무 늦은 밤에는 전화 안 하셔도 됩니다."라고 쓴 것만 봐도 그가 얼마나 환자 바라기였는지 알 수 있다.

그는 서울아산병원에서 근무한 25년 동안, 수술과 외래를 포함해 5천 명이 족히 넘는 환자를 만났다(그가 생전에 아내에게 수술만 4,800건 이상, 외래환자가 천여 명이라고 했으니, 중복 수술 및 수술 환자의 외래 방문까지 포함한 대략적인 수치이다). 변호사가 늘 억울한 사람만 만나듯이, 의사는 매일 아픈 사람만 만난다. 환자들은 육체적으로는 아프고, 정신적으로는 두려움에 떨며, 때로는 절망한다. 의사라는 직업은 이러한 환자의 아픔에 공감하고, 문제를 해결하기 위해 자신의 지식과 재능을 쏟기 때문에 사회적으로 존경을 받아 왔다. 하지만 세월이 흐르고 서비스 개념으로서의 의료 이미지가 강해지면서 의사와 환자 사이에 묘한 긴장감이 흐르기 시작했다. 주 교수의 아내는 이렇게 말한다.

"예전에는 수술이 끝나면 환자나 보호자가 의사에게 감사하다는 인사를 먼저 했대요. 하지만 요즘은 수술 잘하는 건 당연한 거고, 결과가 좋지 않으면 의료사고부터 의심한다고 해요. 외래 진료실에 녹음기를 들고 오는 환자도 있다고 들었어요. 환자 입장에서는 돈을 내고 치료받았으니 결과가 마음에 들지 않으면 불평할 수도 있겠지만, 의사 입장에서는 스트레스가 많았겠죠. 이런 것도 저에게 먼저 이야기하는 법이 없었어요. 제가 물어보면 답을 했지만요."

때로는 그도 환자와 가족들을 대면하며 긴 상담을 해야 하는 외래진료를 힘들어했다. 그런데도 외래에서 함께 일한 간호사들이 생일카드에 적은 말을 보면 그가 힘든 티를 내기는커녕 오히려 직원들을 격려하고, 환자에게 얼마나 친절하게 대했는지 알 수 있다.

열정 가득 환자 바라기 주석중 교수님! 생신 축하드립니다. 많은 수술로 인해 힘드실 텐데, 외래에 오실 때마다 오히려 힘차고 긍정 가득 담긴 얼굴과 말로 저희를 격려해 주셔서 감사합니다. 오늘만큼은 바쁘고 힘든 병원에서 벗어나 가족들과 함께 즐겁게 지내시기 바랍니다.
-김○○

교수님, 언제나 환자들의 말에 귀 기울여 주시고, 직원들이 힘들어하지 않는지 살펴 주심에 감사합니다. 어떠한 부탁에도 흔쾌히 "오케이!"라고 해 주시는 교수님, 감사하고 존경합니다.
-이○○

긴장하고 불안한 마음으로 병원을 찾는 환자들에게 온화한 미소와 친절한 설명으로 몸과 마음의 병까지 치료해 주시는 교수님! 환자의 마음마저 헤아려 주시는 교수님과 함께 외래진료 지원을 할 수 있음에 감사하고 소중함을 느낍니다.

-서○○

항상 외래에 관심 가져 주시고, 늘 배려해 주심에 감사드립니다. 신환(새로운 환자), 초진이 늘어나는 만큼 환자가 많아져서 힘드실 텐데 내색 없이 최선을 다해 진료해 주심에 감사드리고, 존경합니다.

-이○○

힘차고 긍정적인 말과 표정으로 함께 일하는 직원들에게 힘을 주는 의사, 환자들의 말에 귀를 기울여 몸뿐만 아니라 그들의 마음마저 헤아리고 친절하게 설명해 주는 의사. 이렇게 상대방을 배려하고 친절하게 대하는 일은 생각보다 많은 에너지가 필요했을 것이다. 하지만 그는 자신에게 주어진 몫을 기쁘게 감당했다.

예수님의
손

살아 있는 것들의 신비로움은 이루 말할 수 없지만, 특별히 사람의 몸을 자세히 들여다보면 볼수록 그 설계와 구조에 더욱 놀랄 수밖에 없다.

대동맥(aorta)은 심장의 왼쪽 심실에서 아치 모양을 이루며 아래로 내려가는 우리 몸에서 가장 큰 동맥으로, 산소가 풍부한 혈액을 온몸에 보내는 역할을 한다. 대동맥은 혈액을 내보내는 강한 수축력을 견딜 수 있도록 세 겹의 벽으로 구성되어 있다. 좌심실에서 대동맥이 연결되는 부분에 반달 모양으로 보이는 판막이 있는데, 이 판막은 나가는 혈액이 다시 심장으로 들어오지 못하도록 역류를 막는 역할을 한다. 판막은 일정 시간 혈액을 내보낼 때만 열리며, 그 외에는 닫혀 있다.

주석중은 평소 인체의 신비에 대해 아내에게 자주 이야기했다.

"판막을 인공판막으로 대체하는 수술이 있는데, 아무리 발전된 기술로 인공판막을 만들어도 원래 사람의 판막을 대체하는 것은 불가능해. 너무나 놀라운 구조야."

그는 자신의 직업에 대해 이렇게 말했다.

"의사는 예수님이 하셨던 일과 가장 비슷한 일을 한다고 생각해. 생명을 살리는 일이니까."

"힘들지만 흉부외과 의사인 게 참 좋아. 생명에 제일 관련 있는 직업이잖아."

솔직하고 투명하지만 동시에 자부심 넘치고 용감한 고백이다. 그의 말대로 예수님은 공생애 사역 중 천국 복음을 전파하며 가르치시는 일과 함께 병을 고치시는 사역을 중점적으로 하셨다. 또한 자신이 이 땅에 온 이유를 설명하시면서 의사의 비유를 드셨다.

"건강한 자에게는 의사가 쓸데없고 병든 자에게라야 쓸 데 있느니라 나는 의인을 부르러 온 것이 아니요 죄인을 부르러 왔노라 하시니라"(막 2:17).

그의 연구실 컴퓨터 배경화면에는 한 이름 모를 작가가 그린 그림이 있다. 제목을 짓는다면 "Jesus guiding the surgeon"(외과의사를 도우시는 예수님) 정도가 되겠다. 그림 속 의사는 수술대에 누워 있는 환자의 가슴을 열어 수술 중이다. 의사 옆에는 예수님이 한 손으로 의사의 어깨를 살포시 감싸고, 다른 한 손으로는 수술하는 의사의 손을 안내하고 있다. 한마디로 예수님이 수술하는 의사를 돕고 격려하시는 장면이다. 실제로 수술실에서 이런 예수님의 도우심을 경험하면서 그의 믿음은 더욱 굳건해졌다. 그는 아내에게 자신의 경험담을 들려주었다.

"오픈해서 봐도 내 눈에 안 보이는 시야 바깥이 있어. 어디서 피가 나는지 몰라서 당황하고 힘들었는데 감사하게도 피가 잡혔어."

"이 환자를 어떻게 해야 할지 도저히 모르겠더라고. 잠깐 연구실에 올라와서 기도하고 수술하러 갔는데 생각지도 못한 해결책이 보여서 얼마나 감사했는지 몰라."

"내가 수술을 하지만 사람의 몸이 치유되어 가는 과정이 정말 신기하고 놀라워. 나는 그저 하나님의 손을 빌려서 수술하고, 회복도 하나님이 해 주시는 거야. 그게 정말 감사하고 신기해."

"나에게 닥치는 급하고 힘든 상황을 이겨 낼 수 있는 이유는 하나님께 기도하고 맡기기 때문이야."

다음은 그가 드렸던 기도이다.

오늘 나에게 맡기신 두 환자를 어둠의 깊은 곳으로부터 가족과 친구들의 사랑스러운 품으로 안전하게 인도할 수 있도록 도와주세요. 제가 무사히 수술을 마칠 수 있도록 처음부터 끝까지 함께해 주시고, 제 손을 부드럽게 잡아 이끌어 주세요. 저는 눈앞의 불확실성을 두려워하지 않겠습니다. 나의 예수님, 친히 저의 수술실에 오셔서 인도하시고, 제가 넘어질 때마다 단단히 붙잡아 주세요. 저는 주님 안에 있고, 주님은 제 안에 계십니다. 오직 주님을 기쁘

시게 하는 삶을 살게 해 주세요. 나의 구원이신 예수 그리스도의 이름으로 기도드립니다. 아멘.

저는 오늘 또 다른 양들을 수술하기 위해 전투에 들어갑니다. 어제 수술 내내 함께해 주시고 지도해 주셔서 감사합니다. 그 어느 때보다 도움이 간절했습니다. 주님, 수술실에 있는 저의 곁에 계셔 주세요. 함께하는 팀원들과 하나 되어 당신의 소중한 자녀를 치료할 수 있도록 도와주세요. 저는 당신의 뜻에 따라 반복적으로 사용되는 하찮은 도구, 일회용 도구와 같습니다. 모든 수술의 처음부터 끝까지 예수님의 보이지 않는 손으로 저를 인도해 주세요. 예수님이 나와 함께하겠다고 약속하셨기에 두려워하지 않겠습니다. 나의 하나님이 계시기에 불안해하지 않겠습니다. 나를 회복시키시고 주님의 의로운 오른손으로 붙들어 주겠다는 약속을 소중하게 여기겠습니다. 구주이신 예수 그리스도의 이름으로 기도드립니다. 아멘.

하나님 아버지, 제가 환자에게 최선의 수술을 할 수 있도록 인도해 주소서. 이 수술을 성공적으로 마칠 수 있도록 저에게 용기와 지혜, 힘을 주시기를 기도합니다. 하나님의 이름을 높이기 위해, 주님의 이름으로 나에게 주어진 모든 영광을 바칩니다. 나는 하나님의 겸손한 종이며, 앞으로도 그렇게 살기 원합니다. 수술팀에게 복을 주시고, 무엇보다 가장 소중한 환자에게 복을 주세요. 언제나 그러하셨듯, 이 어려운 길을 보이지 않는 손으로 인도하셔서 우리가 어둠에서 빛으로 나아갈 수 있게 해 주세요. 주께서 데려가시는 곳이라면 어디든 따르겠습니다. 주님이 나의 증인이시므로 저는 오직 의롭게 행하겠습니다. 지금까지 저를 인도하신 하나님께 감사드립니다. 저를 하나님의 소유로 받아 주시고, 저와 영원히 함께해 주시기를 겸손하게 간구합니다. 예수 그리스도의 이름으로 기도드립니다. 아멘.

수술 후에 환자와 가족들이 그에게 와서 "선생님, 수술 잘해 주셔서 감사해요. 선생님이 저를 살리셨습니다."라고 감사 인사를 할 때마다 그는 "제가 한 게 아니고 하나님이 하셨지요."라고 대답하곤 했다. 그에게 하나님은 그의 컴퓨터 바탕화면에 걸린 그림처럼 '실제'였기 때문이다. 집에 돌아온 그는 좋아하는 만년필에 잉크를 가득 채운 뒤 감사 일기를 적었다.

하늘의 계신 우리 아버지, 하나님 아버지께서 어제나 오늘도 보이지 않는 손으로 저를 인도하시고, 수술이 잘 끝날 수 있게 함께하여 주십시오. 환자가 수술을 잘 받아 소망하는 수술 목표를 달성하고, 그가 건강한 모습으로 사회에 복귀하며, 가족의 품으로 돌아갈 수 있게 하여 주시옵소서. 이분이 생을 마감하는 그날까지 하나님의 뜻을 이루는 자녀가 되게 하시고, 하나님의 종이 되게 하여 주시옵소서. 우리의 구원자이신 주 예수 그리스도의 이름으로 기도드립니다. 아멘.

그는 매일 수술과 환자를 위해 기도했다. 어느 날은 오랜 시간, 어느 날은 짧게 기도하기도 했다. 그의 마음에는 만나는 환자가 건강을 회복하기를 바라는 '간절함'이 있었다. 흉부외과 의사인 그에게 수술은 기도와 응답의 자리, 하나님께 드리는 '삶의 예배'였다.

와,
이런 날이 있네

2011년 10월, 주석중은 서울아산병원(울산대학교 의과대학) 심장혈관흉부외과 정교수가 되었다. 그는 이때부터 자주 일기를 썼다. 때로는 만년필로 노트에 쓰기도 하고, 때로는 타자로 컴퓨터에 남겼다. 타자를 칠 때는 대부분 영어로, 만년필로는 한글과 영어를 섞어서 썼다.

그에게는 일기 외에도 수술 과정을 복기해서 남긴 노트가 여러 권 있다. 그는 이 수술일지에 환자의 성별, 나이 등의 간략한 정보와 내원 경위, 수술 전과 후의 상황을 적었다. 그러고는 수술 부위를 그리고, 처치 방법과 함께 설명을 적었다.

주석중이 수술을 마치면 마무리, 즉 개복한 부분을 봉합하는 일은 펠로우 선생들이 했다. 늦은 밤, 그들에게 마무리를 맡기고 연구실로 돌아온 주석중은 조금 전 수술 과정을 되돌아보면서 수술일지를 쓰곤 했다.

온종일 서서 수술하느라 계속 팔을 들고 있었더니 어깻죽지부터 손목까지 피곤이 몰려온다. 그뿐일까. 온몸이 짓눌린다. 하지만 아무리 피곤해도 반드시 수술일지를 썼다. 바로바로 쓰지 않으면 구체적인 내용을 잊어버리기도 하고, 내일은 내일의 일이 또 있기에 미룰 수가 없다.

온 정신을 집중해 긴 시간 동안 수술하고 나면 배가 출출하다. 의국에서 가져온 컵라면을 뜯어서 수프는 습관처럼 책상 서랍에 던져 놓는다. 구내식당은 닫은 지 오래고, 의국에는 늘 라면과 빵이 비치되어 있지만, 빵은 유통기한이 있어 보관이 까다롭다. 대신 만만한 생라면을 과자처럼 먹으며 허기를 달래면서 수술일지를 쓴다.

환자를 보낸 과에 이메일을 보내서 상황을 알리는 것도 잊지 않는다. 수술실에서 펠로우 선생들이 무사히 수술을 마무리하고, 환자의 의식이 돌아온 것을 확인하고 나면 그제야 그의 하루가 마무리된다.

일주일 중 목요일은 외래진료가 있다. 이날은 수술에 대한 부담이 없는 유일한 날이다. 하지만 응급환자가 생기면 사정이 달라진다.

와, 이런 날이 있네(Boy, what a day).
오전에 외래를 보고 점심에 간단히 컵라면을 하나 먹었다. 나른한 오후를 보내면서 유익한 하루를 보내자 싶어 5월 초에 있을 학생 강의록을 만들고 있었다. 그때 Y에게 전화가 왔다. 우리 병원 일반외과에서 트레이닝을 받은 레지던트의 어머님이 다른 병원에서 급성대동맥증후군 환자로 와 계시다는 것이었다.

하나님께서 내가 훌륭한 종으로 거듭나기 위한 기회를 자꾸 주시는 것 같아 기뻤다. 나는 기도했다.

"하나님 아버지, 오늘도 저의 기도를 들어주시어 제가 하나님의 종으로 거듭나기 위한 기회를 주셔서 감사합니다. 오늘 수술이 잘 되어서 환자가 건강한 모습으로 가족의 품으로 돌아갈 수 있게 아버지께서 보이지 않는 손으로 저를 인도해 주세요. 수술이 무사히 끝날 수 있도록 은혜를 베풀어 주세요."

오늘 하나님께서 나의 기도를 들어주셨다. 모든 과정이 아무 문제 없이 잘 끝났다. S도 박사학위 연구계획 심사 신청서를 냈고, B와 J는 지난 금요일에 제출했다. 내일 하루 여유가 있는데, 오늘 하지 못한 강의록을 완성하여 업로드하고 뉴욕에 갈 준비를 해야겠다. 기내식을 채식으로 신청해서, 오늘 저녁에는 J 선생, K 선생과 삼겹살과 안창살, 그리고 차돌박이를 구워 먹었다. 고맙게도 주인 어른들께서 스페셜 막창구이를 서비스로 주셨다. 오늘은 정말 기분 좋은 날이었다.

날씨 맑음.
바깥 날씨가 무슨 상관이란 말인가!
내 마음이 이렇게 밝고 눈부신데.

모처럼 한가했던 오후를 비집고 들어온 수술이지만 그는 '하나님의 종'으로 살아갈 수 있는 기회로 받아들이고 오히려 기뻐했다. '종'은 신분제 사회에서 자유 없이 '주인'에게 귀속된 존재로서, 주인이 시키는 대로 해야 한다. 그는 자기 정체성을 '하나님의 종'으로 여기며 언제나 열린 마음으로 환자를 기꺼이 받아들였다.

주석중은 종으로 이 땅에 오신 예수님의 삶을 따르기 원했다. 주인이 부르는 자리로 언제나 달려가는 종처럼, 그도 자기에게 오는 환자를 하나님이 보내 주셨다고 생각했다. 이처럼 그에게는 하나님의 존재가 실제였기 때문에 그가 드리는 기도는 진실함과 믿음으로 가득 차 있었다.

그가 쓴 일기에 날씨가 기록된 경우는 많지 않은데, 이날은 특별히 날씨와 그에 대한 해석까지 덧붙였다. 물론 맑은 날씨지만, 바깥 날씨와 상관없이 자기 내면이 밝고 눈부심에 감사하며 행복해한다. 그러고도 이날의 행복감을 다 표현할 수 없었던 모양이다. 추신까지 덧붙인다.

내일은 또 무슨 일이 일어날까? 흉부외과 의사의 삶은 정말 한 치 앞을 내다보기 힘든 예측 불가능한 삶의 연속인 것 같다. 재미있다.

끝없는
배움

주석중은 끊임없이 발전하는 의학 지식을 배우기 위해 떠나는 것을 주저하지 않았다. 그의 나이 42세 때, 그는 1년 동안 보스턴에 있는 하버드 의과대학 브리검여성병원에서 로렌스 콘 박사(Dr. Cohn)의 지도 아래, 견습생으로 임상 펠로우십을 했다. 국내에서 이미 교수 직함을 단 의사가 다른 나라 교수의 지도 아래 배운다는 것은 쉽지 않은 일임에도 그의 불타는 학구열에 온 가족이 짐을 쌌다. 좁은 집에 중고 매트리스를 깔고 생활하는 것도 힘들었지만, 젊은 의사들과 똑같이 당직을 서는 일도 고됐다. 하지만 배움을 향한 그의 열정은 계속됐다.

2012년에는 두 달간 휴스턴에 가서 스텐트(stent, 혈관의 내강을 벌리는 기구) 선진 기술을 습득하고자 했다. 체류 기간도 짧고 경비 문제도 있어 혼자 가기로 계획했었지만, 아내의 지인이 치료차 머물렀던 집이 비어 있어 온 가족이 함께 갈 수 있었다.

"전에 보스턴에서 살 때와는 비교도 안 될 만큼 넓고 좋은 가구들이 있는 집에서 아이들이 마음껏 뛰어다니면서 행복한 시간을 보냈어요. 그런데 남편은 미국의 스텐트 기술이 한국과 비교해서 뛰어난 것 같지는 않다고 했어요."

같은 시기 신성호 교수도 미국 메이오 클리닉에서 주 교수처럼 크리티컬 펠로우(critical fellow)로 일하던 중이었다. 주 교수는 후배에게 전화를 걸어 안부를 물었다.

"오늘 당직이야? 나도 당직이야."

신 교수도 한국에서 교수로 살다가 소위 '허드렛일'을 다시 해야 하는 삶이 힘들었다.

"마흔둘인 저도 힘들었는데 주 교수님은 얼마나 힘드셨을지 상상이 돼서 힘들다는 말도 못 했어요."

아들들은 이러한 아버지의 배움에 대한 열정을 기억한다. 큰아들 현영과 막내 도영은 이렇게 말한다.

"아빠는 늘 배움의 즐거움을 저희에게 깨우쳐 주기 위해 노력하셨어요. 현재의 자리에서 안주하지 않고 항상 배움을 게을리하지 않으셨던 아빠의 모습에서 진정한 직업인으로서의 모습을 찾을 수 있었어요."

"아빠는 다양한 분야에 관심이 많으셨어요. 제가 학교에서 공부한 내용을 아빠께 공유하면 이미 다 알고 계신 적이 많았어요. 경제 이론까지도요. 제가 유튜브에서 강연을 듣다가 아빠가 좋아하실 것 같아서 공유하면 벌써 다 보시고 자신의 의견까지 말씀하실 정도였어요."

그는 취미를 하나 시작해도 관련 역사부터 공부하는 사람이었다. 책을 읽고, 공부하고, 새로운 지식을 얻는 것은 그에게 어떤 일보다 더 큰 만족과 기쁨을 주었다. 배움에 대한 그의 열망과 기쁨은 천국을 그리는 그의 기도에서도 잘 나타난다.

천국은 내가 평화를 누리며, 새로운 지식을 얻고 배우는 것을 기뻐하는 곳이 될 것입니다. 나는 물고기와 처음 보는 다양한 야생생물이 가득한 개울을 따라 흐르는 잔잔한 물소리를 들으며 꿈의 도서관에서 연구하고, 읽고, 모든 종류의 지식을 습득하며 하루를 채울 것입니다.

마르판
클리닉

마르판 증후군(Marfan syndrome)은 1986년 소아과 의사 장 마르판이 처음 보고한 상염색체 우성으로 유전되는 선천성 질환의 일종으로 근골격계, 심혈관계 및 눈에 심각한 장애를 초래할 수 있는 유전병이다. 1만 명당 두세 명꼴로 발생하는 희소 질환 중에서는 비교적 흔한 질환이지만, 결합조직이 많이 관여하는 눈, 혈관, 근골격계에 문제가 생길 가능성이 크다. 무엇보다 이 증후군이 위험한 이유는 대동맥 박리나 대동맥류와 같은 심혈관계 질환으로 인해 생명에 위협적이기 때문이다. 마르판 증후군 사망환자의 사망 원인 90%가 바로 이 심혈관계 질환인 것만 보아도 알 수 있다. 혈관이 심장만큼 부풀 때까지도 증상이 없어 급사하는 경우가 많고, 2000년대 전까지만 해도 평균수명이 40대 초반이었을 정도로 사망률이 높았다.

마르판 증후군은 유전질환으로, 부모 중 한쪽이 마르판 유전자를 가진 경우 자녀가 마르판 증후군일 확률이 무려 50%에 달한다.

높은 확률로 유전되는 만큼 미리 유전자 검사를 통해 마르판 증후군 여부를 밝혀내면, 예방적 차원에서 수술하여 돌연사를 막을 수 있다. 언제 터질지 모를 시한폭탄을 미리 제거할 수만 있다면, 젊은 나이에 이유도 모르고 쓰러져 사망하는 일을 획기적으로 줄일 수 있게 되는 것이다.

주석중은 젊은 나이에 돌연사하는 상당수의 마르판 증후군 환자들을 보고 안타깝게 생각했다.

'유전자 검사를 통해 미리 확인만 한다면 충분히 살 수 있는데…….'

그는 마르판 증후군에 관한 내용을 흉부외과 정기 학회에서 발표했다. 그 자리에는 주 교수의 발표를 듣기 위해 마르판 환우회에서 활동하는 한 간호사가 참석해 있었다. 그녀는 주 교수의 발표 자료를 얻고 싶었지만, 처음 보는 사람에게 교수가 자신의 발표 자료를 주는 일은 쉽지 않아 보였다. 하지만 그녀는 용기를 내어 주 교수에게 자신을 소개한 후 말을 꺼냈다.

"저, 교수님, 오늘 발표하신 자료를 받을 수 있을까요?"

주 교수는 잠깐 멈칫하더니 곧 흔쾌히 대답했다.

"이메일 주소를 적어 주세요."

그는 발표했던 자료뿐 아니라 참조한 논문까지 모두 보내 주었다.

2015년 주 교수는 서울아산병원 대동맥센터장이 되면서 오랫동안 생각해 온 마르판 클리닉을 시작하기 위한 첫발을 내디뎠다. 그리고 전담 코디네이터 간호사를 스카우트하기 위해 학회에서 만난 간호사에게 이메일을 보냈다.

"혹시 우리 병원에 와서 함께 일할 생각 없어요?"

그녀는 주 교수의 비전에 공감하며 이 프로젝트를 위해 이직했다.

"제가 처음 갔을 때 컴퓨터 한 대 말고는 아무것도 없더라고요."

주 교수와 전담 간호사는 2년 동안 마르판 클리닉을 세팅하고 운영했다. 당시 마르판 클리닉은 전국에 S 병원 한 곳밖에 없었다. 주 교수는 방향성이 조금 다른 클리닉이 하나 더 생기는 것이 서로에게 긍정적인 영향을 줄 것이라고 생각했다. 주 교수가 생각한 새 마르판 클리닉의 방향성은 이러했다. 마르판 증후군이 유전질환인 만큼 환자뿐 아니라 환자의 가족까지 상담과 교육을 통해 질환을 이해시키고, 미리 검사를 해 필요한 조처를 하는 것이다. 이 교육과 상담을 위해서는 전담 코디네이터가 필요했다.

그가 환자를 치료하면서 늘 기도한 것 중 하나는 바로 '환자가 사랑하는 가족의 품으로 돌아가는 것'이었다. 마르판 증후군은 가족이 대비할 수 있는 시간을 주지 않는 경우도 허다하다. 마르판 증후군으로 인해 배우자가 젊은 나이에 사망한 경우, 마주한 경제적 어려움 때문에 상처를 달랠 시간도 없이 아이를 보육원에 보낸 경우도 있었다.

아이가 마르판 증후군으로 인해 아픈지도 모른 채, 안과나 정형외과에 가서 한 가지 질병에 대한 치료만 받다가 갑자기 쓰러져 사망하는 경우도 있었다.

　아이들에게는 정서적인 지지도 필요하다. 마르판 환자들은 태어날 때부터 남들과는 다른 신체적 어려움을 겪는다. 그중 하나가 강한 피로감이다. 그들은 '대부분 이 정도의 피로감을 안고 사는 건가 보다.'라고 생각하지만, 점차 주변인들로부터 "넌 왜 이렇게 잠이 많니?", "넌 너무 게을러." 등의 말을 들으면서 위축되기 쉽다. 지나치게 긴 팔다리로 인한 외모적인 콤플렉스도 가질 수 있다. 이것이 마르판 증후군 환자와 가족들에게 교육이 필요한 이유다.

　'아, 내가 남들과 다른 이유가 이거구나.'

　물론 처음 질환에 직면했을 때는 그 사실을 거부하고 싶을 수 있다. 하지만 점차 자신의 상태를 수용하게 된 환자는 자기 이해를 넘어 가족에 대한 이해로까지 나아간다. 환자 가족들의 대부분은 이 유전질환을 숨기고 싶어 하지만, 환자를 살리기 위해서는 환자를 설득하는 일과 함께 환자의 가족 진단도 필요하다.

　주 교수는 종합병원 흉부외과 의사로서 정기적으로 잡힌 수술 외에도 학자로서 연구하고 논문을 쓰면서 클리닉을 만들고 운영하는 일까지 감당했다. 아침 7시에 병원에 출근하면 밤 10~11시가 되어서야 퇴근하는 것이 그의 일상이었다. 상담과 수술 케이스를 끊임없이 업데이트하면서 클리닉의 필요성을 증명하기 위해서는 교육 자료 개발 및 발표 준비를 해야 했다. 무엇보다 다른 과와의 협진이 절대적으로 필요했기 때문에 수많은 이들에게 협조를 부탁해야 했다. 그렇게 심장내과, 흉부외과, 정형외과, 안과, 유전의학과, 산부인과, 혈관외과, 소아청소년과까지 8개의 과 협진 체계를 만들었다. 주 교수와 전담 간호사에게 첫 6개월은 그야말로 강행군의 연속이었다. 주 교수는 의사 모임에 가서 홍보하고, 학회에서도 케이스를 발표하면서 이슈를 만들어 갔다. 그들은 병원 내부의 건강강좌 및 간호사 교육에서도 클리닉을 홍보하면서 점차 입지를 다져 나갔다. 한 간호사는 이렇게 회고한다.

"주 교수님은 서울아산병원 마르판 클리닉에 큰 자부심을 느끼셨어요."

살아날 확률

마르판 클리닉에 한 남자가 내원했다. 그날이 마지막 상담이었다. 만삭인 아내가 옆에서 남편을 걱정스러운 눈으로 바라보고 있었다. 남자는 다른 병원에서 찍은 CT와 심장초음파를 가지고 왔는데, 대동맥 사이즈가 8cm 이상(일반적인 대동맥 사이즈는 2-3cm) 늘어나 있었다. 전담 간호사는 깜짝 놀랐다.

'아니, 이런 환자를 집으로 보냈다고?'

검사 결과를 믿을 수 없던 간호사는 심장초음파 검사실에 당일 검사를 부탁했다. 심장초음파 검사실에서도 검사를 다 마치기도 전에 환자의 응급 상황을 파악하고 응급실로 보냈다.

응급실에서는 주 교수에게 전화를 걸었다.

"교수님, 지금 당장 수술해야 할 것 같습니다."

"지금 갈게요."

그 환자는 그날 밤 바로 주석중 교수에게 응급 수술을 받았다. 아마도 환자는 통증도 없고 특별한 징후도 없는데 당장 수술하지 않으면 죽는다고 하니 황당하고 혼란스러웠을 것이다. 그러나 그는 자신이 얼마나 위험한 상황인지 몰랐을 뿐이다. 의료진은 한 가장의 생명을 구했다는 사실에 큰 보람을 느꼈다.

병원에서야 비일비재한 일이지만, 간호사가 집에서 쉬고 있는 교수에게 밤에 "이런 환자가 있는데 어쩌죠?"라고 연락하는 것은 쉬운 일이 아니다. 그러나 주 교수는 연락을 받으면 언제나 '오케이'라고 했다. 간호사는 이렇게 말했다.

"주 교수님은 다른 병원에서 거절하는 케이스도 다 받으셨어요. 어떤 의사들은 타 병원에서 오는 환자를 꺼리기도 해요. 이미 조처했는데도 상태가 호전되지 않아 포기한 경우에는 그만큼 사망률이 높고, 결국 사망하게 되면 내 환자가 죽은 것으로 기록에 남기 때문이에요. 다른 의사가 이미 포기한 환자를 어떤 의사가 받고 싶을까요? 하지만 주 교수님은 오는 환자를 다 받으셨어요. 교수가 환자를 받게 되면 검사실, 수술장, 병동 의사들까지의 협조가 필요한데도요."

이대서울병원 대동맥혈관병원 병원장 송석원 교수는 이렇게 말했다.

"흉부외과 의사는 의료소송을 안 당할 수가 없거든요. 심장, 대동맥을 수술하잖아요. 잘못되면 환자분이 돌아가시거든요. 환자의 상태가 너무 안 좋은 경우에는 '수술이 의미 없을 수도 있습니다.'라고 보호자에게 이야기할 수 있어요. (주 교수님은) 그런 응급수술을 다 하는 거죠. 어떻게 보면 미련하게……."

한 번의 심장 수술을 위해서는 팀이 움직여야 한다. 집도의 한 명과 그를 보조하는 두 명의 펠로우 의사, 간호사, 체외 순환사 등을 합치면 대략 10여 명이 필요하다. 게다가 수술의 난이도가 높아 짧아도 4시간, 길면 10시간 이상 걸린다. 주 교수는 수술장에서 팀원들을 독려하면서 이런 말을 하곤 했다.

"우리가 포기하지 않는다면 환자는 반드시 살 확률이 생긴다."
"아무리 위험한 수술이라도 하지 않으면 저 사람은 죽는다. 이런 일에 확률이나 데이터가 무슨 대수냐."

그는 자신에게 오는 환자를 거절하지는 않았으나, 그렇다고 모든 수술을 다 강행하지는 않았다.

> 어떻게 해야 할지 정말 고민이었다. 포기하자니 환자 가족들에게 정말 미안하고, 수술하자니 이 상태에서는 의미가 없고……. 이성적으로 결정을 내릴 수밖에 없는 상황이라 현실을 받아들이고 포기했다. 그래도 마음이 불편하고, 안타까운 생각과 죄책감이 드는 것은 왜일까? 항상 이런 환자를 두고 줄다리기를 벌이기 마련이기에, 수술의 의미 여부에 대해서는 제삼자가 객관적인 입장에서 결정해 주거나 의견을 주는 것이 맞다고 생각한다. 즉, 수술 계획을 결정하는 것은 담당 의사가 하더라도, 수술이 의미 있을지에

대한 것은 다른 의사의 의견을 취합하여 결정하는 것도 좋은 방법일 것 같다.

주 교수는 이런 일이 있을 때마다 동료, 후배들과 의견을 교환하면서 지혜를 모았다. 이런 어려움이 비단 자신만의 것이 아님을 알았기 때문에 그는 시스템을 만드는 데에도 힘을 기울였다. 서울아산병원 뉴스매거진과의 인터뷰에는 이런 그의 노력이 잘 나타난다.

'자신의 방법만을 고수하지 않고 전문가들과 격의 없이 의견을 나누는 열린 사고' 또한 그의 장점으로 꼽는다. 응급 상황의 경우 빠른 의사결정을 위해 환자의 수술 여부와 방향을 결정하는 기준이 필요하다. 다양한 방법의 장단점을 충분히 고려해 환자에게 가장 적합한 방법을 찾는 것. 현재 주 교수가 속한 대동맥질환센터 교수들은 지금까지 수술했던 환자의 정보를 토대로 가장 효과적인 수술 방법을 찾는 연구를 진행하고 있다.

-『서울아산병원 뉴스매거진』 530호

순천향대학교 부천병원에 있는 신성호 교수가 떠난 선배를 더욱 그리워하는 이유 중 하나도 바로 그와 나눈 대화 때문이다.

"누구나 본인 일에는 객관적 판단이 어렵잖아요. 선생님이 힘들 때 제가 냉철하게 말씀드리면 '맞다, 맞아.' 하시고, 제가 힘들 때 '어떻게 하면 좋을까요?' 하고 물으면 '이건 이렇게 하는 게 좋겠다.'라고 말씀해 주셨어요. 이제 누구와 이런 이야기를 할 수 있을까요."

그래도
재미있는 일

오늘도 달려야겠다고 생각한다. 대학교수는 쉬운 직업이 아닌 것 같다. 나는 정교수이기에 속된 말로 쫓겨날 걱정은 없지만, 사람은 본능적으로 경쟁을 하고, 누구나 경쟁에서 뒤처지는 것을 죽기보다 싫어한다. 불평하는 것은 아니다. 이런 삶이 흥미진진하고 살아 있는 것 같다. 힘든 면도 있지만, 만족지연(자기통제의 하위 영역 중 하나이며, 더 큰 결과를 위하여 즉각적인 즐거움, 보상, 욕구를 자발적으로 억제하고 통제하면서 욕구 충족의 지연에 따른 좌절감을 인내하는 능력)으로 얻는 기쁨이 크다.

그는 모험과 도전을 즐기는 사람이었다. 의대 6년, 레지던트 4년, 공중보건의 3년과 미국 의사면허증 취득 후 연구의사 2년, 이후 전임의로 2년. 그가 자신의 이름으로 수술하기까지 총 17년의 시간 동안 한 번쯤은 포기하고 싶은 마음이 들었을 수도 있다. 그는 병원에서 수많은 밤을 지새우고, 끊임없이 연구하고, 함께하는 이들을 돌아봐야 했다. 그는 이러한 흉부외과 의사로서의 삶을 "힘들지만 재미있고 보람 있다."라고 평했다.

"남편은 수술하는 것을 엄청나게 좋아했어요. 그 안에서 보람을 느꼈기 때문이에요."

"아빠는 수술을 통해 생명을 살리고 싶어서 흉부외과에 가신 거예요. 수술하고, 연구하고, 논문 써서 발표하고. 이것들을 제일 재미있어하셨고 보람도 느끼셨어요."

하지만 재미있는 일에도 고난은 있다. 환자들은 주 교수를 가리켜 '저승사자의 멱살을 잡고 싸우는 분'이라고 했다. 이것은 필수 의료인 그의 전공과도 관련이 있지만, 그는 수술실 밖에서 더 힘든 싸움을 해야 했다. 그가 남긴 기도의 8할은 고통에 대한 것이다.

사랑하는 거룩하신 아버지, 나는 뜨거운 태양 아래 발가벗은 것처럼 주님 앞에 섰습니다. 나를 지켜 줄 것도, 지탱할 것도 하나 없습니다. 내 입은 바짝 말랐고, 내 영혼은 모든 기쁨에서 벗어났습니다. 저는 이제 진정 혼자입니다. 아버지 외에는 저를 돌볼 이도, 회복시킬 이도 없습니다. 부디 저에게 자비를 베풀어 주시고 따뜻하게 바라봐 주십시오.

주님, 어렵고 위험한 수술이 더 이상 저에게 감당하고 싶은 도전으로 다가오지 않고, 불확실한 결과에 대한 두려움이 제 마음을 가득 채웁니다. 제가 한때 수술하면서 느꼈던 기쁨을 더 이상 찾지 못합니다. 감당할 수 없는 많은 일들이 일어날 수도 있습니다. 그때마다 저는 제가 할 수 있는 일이 너무 적고, 주께서 모든 것을 주관하시고 결정하신다는 사실에 겸손해집니다.

저는 그저 종이나 도구에 불과하다는 것을 깨닫습니다. 하지만 사람들은 이러한 관점에서 나온 결과를 받아들이지 않습니다. 저는 모든 것이 제 잘못이라는 의심의 부담을 지게 되었습니다. 그들이 저에게 던지는 돌을 감당해야 합니다. 그들의 위선은 대낮처럼 분명하고, 돌을 던지기 위해 열심입니다. 때로는 이 고통을 견딜 수가 없습니다. 저는 자유로워지고 싶습니다. 주님, 제발 저를 도와주세요. 저와 함께하심으로 저를 인도해 주세요. 예수님, 제가 겪는 모든 일로 인한 이 고통을 견딜 수 있도록 도와주세요.

흉부외과 의사로서 그는 자신의 삶을 흥미진진하게 받아들이면서도, 매일의 삶에서 외로움과 두려움, 고난을 감내해야 했다. 소설가 조너선 프랜즌(Jonathan Franzen)은 고통과 삶에 대해 이런 말을 했다.

"고통이 아프기는 하지만 그렇다고 고통으로 죽는 것은 아니다. …… 아픔은 자연의 산물이며 모순으로 가득한 세상에서 살아 있음을 확인해 주는 자연의 지표다. 아무런 아픔 없이 인생을 헤쳐 왔다는 말은 살아 보지 않았다는 뜻이다."

고통 없는 삶은 불가능하지만, 결국 사람이 그 고통을 어떻게 바라보고 다루는지에 따라 성장과 성숙을 이루어 내는 것이 아닐까. 주석중은 골방에 들어가 은밀한 중에 계시는 하나님, 모든 것을 아시는 분 앞에 나아가 자신의 마음을 토로했다.

예수님, 보이지 않는 손으로 나를 인도하소서. 이전의 어렵거나 새로운 수술은 마치 빽빽하고 어두운 낯선 숲을 통과하는 것 같았습니다. 모든 환자를 어두운 숲에서 안전하게 구원하여 주님의 빛으로 인도해 주십시오. 그들이 무사히 돌아오기를 기다리는 사랑하는 가족과 친구들의 따뜻한 품으로 인도해 주십시오. 주님이 양떼에게 항상 그러하셨듯이 저의 선한 목자가 되어 주십시오. 하나님 아버지, 이 기도를 받아 주십시오. 우리 주 예수 그리스도의 이름으로 기도합니다. 아멘!

그는 고통에 대한 많은 설교와 글을 읽고 여러 차례 자기 생각을 정리했다.

영국 브리스톨 출신의 조지 뮬러(George Mueller)는 1870년 2월 6일 39년 4개월간 류머티즘열을 앓았던 아내의 죽음에 대해 이렇게 썼습니다.

"나는 그녀를 셀 수 없이 그리워하며, 앞으로도 더욱 그리워할 것입니다. 그러나 나는 하나님의 자녀로서, 주 예수의 종으로서 엎드립니다. 나는 하나님 아버지의 뜻에 만족하고, 그분을 영화롭게 하기 위해 거룩한 뜻에 완전히 복종하며, 나를 괴롭게 한 손에 계속 입을 맞춥니다."

아버지, 저는 여기 쓰인 모든 감정에 전적으로 공감합니다. 예수님, 저는 무력하고, 표적이 되고, 억압당하고, 굴욕당하고, 사방에서 공격당하고 있음을 느낍니다. 예수님, 제가 위선자들에게 심판을 받는 것이 화가 나지만, 주님이 늘 저를 지켜 주시고 진실을 알고 계심에 위로를 받습니다. 주님은 저를 가장 좋은 길로 인도하고 계십니다.

그는 모든 것을 아시는 하나님을 생각하면서 이겨 냈다. 그리고 이 과정이 결국 하나님이 그를 성장시키시는 길이라고 여겼다. 그는 이 일기 끝에 잠언 21장 31절의 말씀을 썼다.

"싸울 날을 위하여 마병을 예비하거니와 이김은 여호와께 있느니라"

빛나는
성과

흉부외과 의사는 수술과 외래 외에도 할 일이 산더미다. 주석중은 종합병원 흉부외과 교수이자 평생 관상동맥과 대동맥을 연구한 학자로서 한국의 대동맥, 관상동맥 학계의 발전에 책임을 느끼고 있었다. 그는 자신의 시간과 노력을 어디에 집중해야 할지 정확히 알았다.

> 뉴욕에서 대동맥 수술 심포지엄에 참석하고 긴 여정 끝에 집에 왔다. …… 이제 이 일을 뒤로하고 본연의 대동맥 및 관상동맥의 학문적 발전을 위해 에너지를 집중해야겠다.

> 나는 지금까지 앞만 내다보고 달리며 주로 수술에 집중했다. 그런데 훌륭한 후배들이 들어오면서 수술 외의 것들도 중요함을 깊이 느끼고 있다. 물론 수술을 못한다면 그보다 한심한 일이 없겠지

만, 이제 수술만 잘하는 것으로는 서울아산병원을 다른 병원과 차이 나게 발전시키기 어렵다.

그는 자신의 논문을 쓰는 것뿐 아니라 다른 이의 논문에 대한 코멘터리(commentary), 나아가 학술지 논문 게재를 위한 심사위원으로도 활동했다. 제자, 후배들의 논문 코멘터리 요청은 계속되었다. 가족들은 그의 병원 밖 생활에서 중요한 부분 중 하나가 논문 쓰기와 읽기였다고 말한다.

"아빠는 퇴근해서 집에 오시면 방에 들어가서 논문을 쓰시거나 책을 읽으셨어요. 지금 생각해 보면 그게 아빠 나름의 쉼이었던 것 같아요. 서재에 1인용 소파가 있는데, 가끔 문을 열어 보면 아빠가 논문을 보다가 소파에 엎드려 주무시고 계셨어요. 아빠가 세상을 떠나신 후 이메일을 봤는데, 후배 교수님의 학회 발표 자료를 고쳐서 보낸 게 마지막 메일이었어요."

"남편은 박사, 석사 과정에 있는 제자, 후배들이 논문을 검토해 달라고 하면 바쁜 중에도 다 봤어요. 밤 9시에 집에 오면 굉장히 일찍 온 거예요. 매일 10~12시에 왔어요. 주말에는 주로 서재에서 논문을 읽었어요."

그는 아내가 운전하는 날이면 어김없이 논문 한 뭉치를 들고 와서 조수석에 앉아 논문을 읽었다. 장거리 여행뿐 아니라 가까운 시내에 나갈 때도 마찬가지였다. 후배인 신성호 교수는 주 교수만큼 학술적인 흉부외과 의사는 본 적이 없다고 한다.

"술도 안 드시고 골프도 안 치셨어요. 가족 아니면 환자에게만 열심인 분이었어요. 그 나이에 논문을 그만큼 쓴다는 게 말이 안 될 정도예요."

그가 쓴 논문은 권수뿐 아니라 내용의 독창성과 성과에서도 탁월했다. 학자로서 자기 전공에 대한 책임의식과 사명감 없이는 힘든 일이다. 그가 연구와 수술 성과를 통해 발표한 논문들이 해외 학회지에 발표되면서 그로 인해 다른 나라와의 학술 교류가 일어난 것은 대한민국 심장혈관 분야 발전에 이바지한 바가 크다.

2014년 6월에는 "인공심폐기 사용 시 장기 생존율 향상, 환자 맞춤형 관상동맥우회술 필요 연구" 논문이 미국심장학회지인 JACC (Journal of American College of Cardiology)에 등재되었다.

2015년 10월에는 "하행 대동맥 내막 파열을 동반한 A타입 급성 역행성 대동맥 박리 결과" 논문으로 대한심장혈관흉부외과학회에서 수여하는 릴러하이 학술상(Dr. Lillehei Merit Award)을 받았다.

2020년 12월에는 '초응급' 대동맥 박리 수술 성공률을 97.8%까지 높인 논문을 세계 3대 흉부외과학회 중 하나인 유럽흉부심장혈관외과학회(EACTS:European Association for Cardio-Thoracic Surgery)에서 발표했다. 대동맥 박리 수술에서 97.8%라는 성공률은 서구 선진국과 비교해도 월등히 높은 수치로, 그는 명실상부 대동맥 수술의 최고 권위자로 인정받았다. 1998년 그가 대동맥 분야에 발을 디딘

후로 포기하지 않고 달려온 결과였다. 물론 이는 주석중 한 개인의 성과를 넘어, 그가 근무한 병원과 대한민국 의료계의 눈부신 발전이기도 했다. 신성호 교수는 주 교수가 이러한 성과에도 본인을 드러내기보다 후배와 학계, 의료계 전체를 우선으로 생각했다고 전한다.

"주 교수님은 혼자 잘하는 데 머무르지 않고 전국적으로 시스템을 갖춰서 수술 성적을 향상시켜 대한민국 의료 위상을 올릴 방법을 항상 생각하셨어요. 특별히 '경피적 대동맥판막 삽입술 가이드라인 확립'에 매우 큰 역할을 하셨어요. 코멘터리는 다른 사람의 논문에 대해 의견을 개진하는 건데 아주 중요한 역할이에요. 주 교수님이 아주 많은 코멘터리를 하셨어요. 이렇게 코멘터리를 할 수 있는 실력을 갖춘 분이 대한민국에서 몇 안 돼요."

그가 얼마나 흉부외과의 발전에 진심이었는지 알 수 있는 기도가 있다. 2021년 10월 23일 기도 속의 그는 마치 전쟁터에 나가는 전사만큼 비장하다.

> 아버지, 오로지 환자를 살리는 데 자신의 삶을 희생하면서 일하는 우리 흉부외과 의사들이 힘의 논리로 인해 좌절하지 않고, 자기가 하는 일을 즐겁게, 끝까지 긍지를 느끼면서 살 수 있도록 지켜 주시고 힘을 주십시오. 제 한 몸을 바치라 하시면 그렇게 하겠습니다. 다만 제 가족을 지켜 주실 것을 무릎 꿇고 간구합니다. 나가 싸우라고 하시면 아버지께서 내려 주시는 지혜로 적의 모든 논리

를 무력화하여 우리 흉부외과의 발전을 위해 이 한 몸 바치겠습니다. 아멘.

함께 대동맥연구회를 이끌어 온 송석원 교수는 선배가 마지막으로 하고자 했던 일에 대해 이렇게 말한다.
"흉부외과 대동맥 수술을 하는 후배를 위해서 세팅을 완료하고 싶으셨던 것 같아요. 그래야 우리처럼 힘든 길을 가지 않을 수 있으니까요."

흉부외과 의사로서의
고민

환자의 생명과 직결된 심장과 폐를 수술하는 흉부외과 의사는 빈번한 응급수술과 긴 수술 시간, 잦은 당직, 중환자실 업무와 의료사고의 가능성을 늘 가지고 있다. 주 교수의 큰형이 흉부외과에 가겠다는 동생을 말린 이유이기도 했다.

"전공의 시절은 모든 과가 다 힘들어요. 밤새고 다음 날까지 계속해서 48시간 일하는 때도 많고, 기본적으로 하루에 한두 시간밖에 못 자요. 대신 전공의를 마치면 한숨 돌릴 수 있죠. 그런데 동생은 대부분의 의사와 달리 들어오는 수술과 환자들을 다 감당하려고 해서 굉장히 안쓰러웠어요. (교수가 되어) 독립하고 나서는 쉬엄쉬엄하라고 했어요. 그런데 이미 그런 삶이 몸에 배 있던 탓인지, 수술할 의사가 부족해서인지 나이가 들어서까지 응급수술을 마다하지 않았어요."

그가 몸담았던 서울아산병원은 소위 우리나라 '빅5 병원' 중에서도 흉부외과 분야로는 질적으로나, 양적으로 최고 수준을 자랑한다. 그런데 이렇게 큰 병원에서 환갑이 다 되어 가는 주 교수가 응급수술을 해야 하는 상황인 것만 보아도 대략 실상을 알 수 있다.

대한의학회가 발표한 2024년도 제67차 전문의 자격시험 최종 합격자 2,782명 중 심장혈관 흉부외과는 겨우 30명이다(『의협신문』 2024년 2월 19일). 흉부외과 기피 현상은 사실 어제오늘 일이 아니다. 오래전부터 흉부외과 전문의 평균 연령이 갈수록 높아지고 있는데, 2022년 기준 65세 미만 현직 전문의 1,161명 중 50대 이상이 60%에 달한다. 전공의가 없어서 대학병원에서 정년퇴직 시점까지 당직을 서는 의사도 있다고 한다.

대한민국 흉부외과의 기술과 의료가 세계적 수준임에도 지원하는 전공의가 이렇게 적다니 아이러니한 일이다. 게다가 전공의 지원율은 꼴찌인데 중도 탈락률은 1위다. 보장된 일자리(교수 임용)가 있다면 그나마 힘든 시기를 버텨 낼 희망이라도 있지만, 종합병원과 대학병원에도 교수 자리는 많지 않다. 개원하자니 다른 과에 비해 인기가 없다. 실제 개원의 중 10% 정도만 흉부외과 간판을 달 뿐이다. 결국 젊은 의사의 대부분은 힘들고(30%), 미래가 불확실하며(29%), 노력과 비교하면 경제적 보상이 적고(16%), 시간적 여유가 없을 것 같은(12%) 흉부외과에 가고 싶어 하지 않는다(『2015 흉부외과백서』). 자식을 의대에 보내는 부모도, 학생 본인도 의사라는 직업을 바라보는 시선이 달라졌다. '피는 최대한 적게' 보면서 일과 삶의 균형이 보장되길 바란다.

그렇다면 2024년에 배출된 30명의 전문의 중 몇 명이 주석중 교수를 이어 대동맥을 수술하는 의사가 될까? 흉부외과를 크게 심장과 폐로 나누면 폐를 다루는 분야를 '일반 흉부 파트'라고 한다. 심장은 환자 나이에 따라 성인 심장 파트와 소아 심장 파트로 나눈다. 소아 심장 파트는 대부분 선천성 질환을 다루고, 성인 심장 파트는 판막, 관상동맥, 그리고 대동맥을 주로 다루는데 이를 '심장혈관 파트'라고 부른다. 주 교수는 바로 이 성인 심장혈관 파트의 대동맥 전문의였다. 환자를 관리하는 데 있어 시간적 여유가 있는 일반 파트와는 다르게 심장혈관 파트는 환자의 상태 변화 폭이 커서 대부분 응급이다. 이쯤 되면 흉부외과 전문의 합격생 중에서 성인 심장 파트 레지던트 수가 몇 명일지 가늠해 볼 수 있다. 다음은 2015년 대한심장혈관흉부외과학회에서 발행한 『2015 흉부외과백서』에 실린 한 응급의학과 전문의가 의료 현장에서 겪은 상황을 담은 글이다.

"우리 병원에는 10년 전부터 흉부외과 레지던트가 없다. …… 집에 있는 흉부외과 의사가 응급 호출을 받고 병원에 오려면 한 시간이 걸린다는 말이었다. 한 시간은 이 사람이 시체가 되고도 남아 사망진단서를 쓸 시간이었다. 나는 긴말하지 않고 전화를 끊었다. 결국 그 환자는 모두의 기대를 저버리고 사망하고 말았다. …… 사실 흉부외과 의사들이 주말이나 평일 밤늦은 시간에 누려야 할 여유를 뺏을 권리는 그 누구에게도 없다. 그들이 당직이라고 병원을 지키고 있어도 아무도 칭찬해 주는 사람 역시 없지 않은가. 결국, 이는 제도와 시스템의 문제다. …… 상당수의 국민들은 흉부외과 의사가 없어 환자가 사망했다는 사실을 잘 모르는 것이다. …… 많이 바라는 것은 없다. 그냥 상주하는 흉부외과 의사가 있어 내 환자를 살려 줬으면 좋겠다. 제발 부탁이다."

병원에 상주하는 흉부외과 의사가 없어서 눈앞에서 환자가 죽어 나가는 것을 본 응급의학과 의사의 탄식이다.

앞으로 노인 인구가 폭발적으로 늘어날 뿐 아니라 기대수명도 100세에 육박하지만, 우리나라에 심장 질환을 치료할 의사는 급격히 줄었다. 이에 따라 환자들은 인력과 설비를 갖춘 서울 대형병원으로 몰리고, 그 결과 지역 간 의료 불균형은 갈수록 심해져 10년째 흉부외과 레지던트가 없는 병원이 생긴 것이다. 이런 상황을 주 교수가 고민하지 않았을 리 없다.

"남편은 레지던트가 줄어드는 것에 대해 고민이 많았어요. 대동맥학회를 따로 만들어서 교육하고, 장학금처럼 지원도 하고, 새로운 기술과 지식을 알리는 일이 국가적으로 필요하다고 했어요. 환자가 서울로 몰리는 현상도 해결해야 각 지역에서 치료받을 수 있는 날이 올 거라고요."

신성호 교수는 이런 흉부외과의 현재를 주석중과 함께 고민했다. 신 교수의 말을 통해 그가 선배로서 후배들을 위해 마지막으로 해 주고 싶었던 것이 무엇이었는지 짐작해 볼 수 있다.

"미국은 수술에 필요한 인적 자원과 시설이 다 갖춰져 있는 상태에서만 수술할 수 있어요. 반면 우리나라는 의사 한 명만 있으면 무조건 합니다. 그런데 심장 수술은 혼자 하는 수술이 아니거든요. 심장외과 의사 앞에 보조의사, 체외 순환사, 마취과 의사, 서포팅 간호사, 중환자실이 확보되어야 합니다. 거기에 환자의 크리티컬 케어(critical care, 중환자 관리)에 도움을 주는 심장내과, 호흡기 내과, 신장기 내과, 응급의학과 의사가 있어야 해요. 민간 병원은 이렇게 많은 인원 투자가 쉽지 않기 때문에 결국 국가에서 투자하는 것이 필요합니다. 국립병원을 중심으로 국가에서 예산을 투입해 인적, 시설 장비를 갖춰서 수술 센터를 집중화시켜야 합니다. 지역별, 권역별로 체계적으로 활성화하는 것이 필요하죠. 미국처럼 제도적인 뒷받침이 안 되어 있는데 수가만 올린다고 해결될 문제가 아닙니다. 주석중 교수님은 '우리가 고생하더라도 그런 기반을 만들 수 있도록 노력해 보자.'라고 하셨어요."

흉부외과 의사 부족 사태에 대한 설문 조사에서 응답자의 62%가 '정부의 적극적인 제도적 지원을 통해 집중적으로 의료인을 육성해야 한다.'고 답변했다. 이제는 국가가 나서서 흉부외과 전공의 수련부터 관리해야 한다는 것이 현장의 목소리이다. 비인기 전공(혹은 필수 의료) 의사 수가 부족한 것이 본질적인 문제이다. 의료 수가를 개선해도 흉부외과 지원율이 여전하다는 것은 현실적인 대책이 아님을 방증한다. 신 교수는 다음과 같이 말한다.

"지금 젊은 친구들에게 무턱대고 고생하라고 해서는 안 돼요. 흉부외과 의사가 되고 싶은 사람이 일할 수 있는 환경을 만들어 줘야죠. 미국, 캐나다처럼 수술과 진료 분야에서 의사를 보조하는 PA(Physician Assistant)를 합법화해야 해요. 일자리가 없어진다고 반대하는 사람도 있겠지만, 필요한 인력(흉부외과 전공의)이 오지 않으면 피해는 환자들이 보게 돼요. 적어도 필수 의료에서만큼은 합법화해야죠. 전공의 인력 확보는 민간병원이 아니라 국가에서 주도해야 해요. 전공의들이 열심히 해서 교수가 되면 A는 수술하고, B는 학회 가고, C는 휴가 가고, D는 환자를 보는 등 예측 가능한 일을 수행할 수 있게 해야 합니다. 사람답게 살 수 있도록 해 주고 일하라고 해야죠. 메이저 병원에 계시는 선생님들은 이런 문제가 크게 다가오지 않을 수 있어요. 주 교수님은 소위 메이저 병원에 계셨지만, 이런 것들을 다 받아들이고 어떻게 해야 할지 고민하셨어요."

선배의
뒷모습

하루는 신성호 교수가 주 교수에게 폭탄선언을 했다.

"미국에서 돌아온 후 지난 10년 동안 고생했으니 저 이제 그만하고 싶어요."

"10년 동안 노력했는데 왜 안 하려고 해?"

그는 후배가 10여 년 해 온 것이 '고생'보다는 '노력'이었음을 강조했다.

"나 혼자 열심히 한다고 되는 일이 아니잖아요. 잘하실 분들에게 넘기고 뒤로 빠지고 싶어요."

아끼는 후배의 투정 섞인 말이 단순한 한탄이 아님을 그는 누구보다 잘 알고 있었다.

"성호야, 10년 동안 했던 사람만 아는 것이 있잖아. 네가 아무리 전수한다고 해도, 그 사람이 배우는 중간에 네가 손을 놔 버리면 어떻게 되겠니. 그리고 도움이 필요한 환자에게 네가 도움을 줄 수 있을 때가 행복하고 즐거운 거 아니냐. 물론 어려움이 있지만, 하나님께서 기회를 주신 것이라고 생각하자. 그런 기회가 없는 사람도 있어. 하나님께서 너에게 주신 사명으로 생각하고 힘들어도 조금만 더 했으면 좋겠다."

서로 믿음으로 격려하며 오랫동안 함께해 온 후배는 어느덧 선배를 닮아 있었다.

"주 교수님이 하시는 말씀을 듣고 못 빠져나갔어요. 부끄럽기도 했고요. 그분은 솔선수범했어요. 10년, 20년 어린 까마득한 후배들보다 앞서 나가셨으니까요. 코로나19 기간에 회의를 많이 했는데, 본인이 다 준비하셨어요. 그 나이가 되면 후배에게 시킬 수도 있는데……. 그렇다고 '내가 했네.' 하면서 자기를 내세우지도 않으셨어요. '이러이러해서 이렇게 했습니다.', '여러분의 생각은 어떻습니까?', '이거 해야 하지 않을까요?' 이러니 후배들이 무슨 말을 해요. 그저 쫓아가야지요."

자녀 양육에 대한 격언 중에 이런 말이 있다.

"자식은 부모의 뒷모습을 보고 자란다."

자녀는 부모가 하는 말이 아니라 행동을 본다. 잔소리만으로 변화되는 사람은 없다. 주석중은 후배들에게 '보여주는' 선배였다. 자신이 직접 그렇게 살았기에 그가 하는 말에는 힘이 있었다. 물론 말처럼 쉬운 일은 아니다. 대한민국 사회에서 선배가 되고, 선생이 되는 것은 어떤 의미일까? 나이가 들고 지위가 올라갈수록 힘들고 귀찮은 일은 피하는 이들도 있다. 주석중의 리더십은 '종의 리더십', '섬김의 리더십'이었다. 환자와 동료, 후배를 위하고 그들의 성장을 위해 자신을 희생하며 항상 손해 보는 쪽을 택했다. 모두가 함께 성장하는 선순환의 구조를 목표로 했다.

환갑이 다 되어 가는 나이에도 그는 여전히 응급 호출을 받았다. 그는 세상을 떠나기 전날에도 새벽까지 수술하고, 서너 시간 자고 출근해서 외래를 본 후에 또다시 수술대 앞에 서야 했다. 환갑이 가까운 선배가 여전히 응급 호출을 받고, 직접 논문을 쓰는 것이 신 교수는 안쓰러웠다.

"교수님, 이제 미래는 후학들한테 맡기고 조금 여유를 갖고 사모님과 개인의 삶을 누리시면 어때요?"

"그래, 그렇게 해야지. 그런데 아직 내가 손을 놓을 수 없는 부분이 있잖아."

주 교수는 오랫동안 대동맥 수술을 해 온 의사들만의 학회가 필요하다고 생각했다. 대한심장혈관흉부외과학회 산하에는 판막학회, 관상동맥학회 같은 소학회들이 생겨나는 추세였다. 그렇게 주석중은 2020년 중구난방으로 흩어져 있던 그룹을 모아 대동맥연구회를 만들었다. 그의 추모 논문에서는 이를 다음과 같이 서술하고 있다.

주석중 박사는 2020년 대한심장혈관흉부외과학회 산하 설립된 대동맥연구회의 핵심 창립회원이자 초대 회장을 역임했다. 그룹의 임무는 개별 병원의 만성적 인적 및 재정적 자원 부족, 심장혈관흉부외과 수련생 모집 부족, 그에 따른 점진적인 감소 및 편향된 지역적 분포를 포함하여 전국 심혈관 건강 관리의 중요한 문제를 해결하는 것이었다. 지난 30여 년 동안 유능한 심장혈관흉부외과 의사였던 주 박사의 지휘하에 대동맥연구회는 전국적인 데이터를 정책 입안자의 요구에 맞게 조정하기 위한 프로젝트팀을 시작했다. 그들은 또한 대동맥질환에 대한 인식을 높이기 위해 공개 캠페인을 시작했다. 이러한 노력을 통해 대동맥 응급 의뢰 네트워크 플랫폼 구축, 국민건강보험의 고위험 대동맥 수술에 대한 급여 인상 등 여러 개혁 조치가 시행되었다.

주 교수는 대동맥연구회를 이끌며 대동맥 수술, 시술의 데이터베이스를 만들기 위한 초석을 다지고자 했다. 그는 우리나라의 심장혈관 수술 성공률이 높음에도 불구하고 개별 의사의 성공적인 경험을 모은 국가 데이터가 없음을 안타깝게 여겼다. 그리하여 의사들을 설득해 2022년 12월부터 대동맥 수술 레지스트리(registry)를 시작했다. 대한민국 대동맥 수술 환자들에 대한 데이터를 모으기 위해서는 전국 각지에 흩어진 의사들의 협조가 필수적이었다. 개별 병원마다 회원이 모집되면 회원이 된 의사는 자신이 진행한 수술의 전 과정, 즉 수술 전, 수술 중, 수술 후, 예후, 합병증, 사망률까지 모든 정보를 취합해야 한다. 정보가 모이면 연구회에서 이 데이터를 모으고 단순

화시켜서 국가에 제시하려 했다. 바로 이 작업에 대한 국가의 동의를 받고 대동맥연구회를 대동맥학회로 등재하려는 시점에 주 교수가 떠났다. 신성호 교수는 전국 의사들로부터 자료를 모으는 대동맥 수술 레지스트리 장을 맡고 있다.

"사실 국가 차원의 일을 작은 조직이 하려니 쉽지 않아요. 일일이 전국 각 병원 선생님에게 전화해서 설득해야 해요. 그분들로서는 곧장 돌아오는 혜택이 없는데 밤잠 못 자면서 자료를 만들어야 하거든요. 전문 지식이 있어야 하니 일반 간호사에게 맡길 수도 없어요. 그렇게 대동맥 수술 레지스트리에 참여한 한 분, 한 분이 너무 소중하죠. 지금 당장 뭔가 안 될 수도 있어요. 그게 꼭 당대에 안 되더라도 벽돌을 하나하나 쌓듯이, 무너진 벽을 세우듯이, 이 일도 한 과정이라고 생각합니다."

개인보다는 전체를 생각하고, 자신을 희생하며 솔선수범했던 선배가 쌓아 놓은 벽돌 위에 그의 남은 동료와 후배들이 오늘도 새로운 벽돌을 한 장씩 쌓아 올리는 중이다.

너그러우신
주님

조카 지홍이 초등학생이었을 때, 함께 식사하는 자리에서 있었던 일이다.

"이모부, 왜 젓가락질을 왼손으로 하세요?"

"수술할 때는 양손을 다 써야 해서 왼손이 발달하도록 연습하는 거야."

왼손 젓가락질은 외과의사가 수술 시 양손을 자유자재로 쓰기 위해서 많이 하는 연습 중 하나였다. 외과의사에게 바느질이란 아주 기본적인 기술이면서 미적으로도 완성도를 요구하는 섬세한 작업이다. 대동맥 수술은 가슴을 여는 경우가 대부분이지만 수술 부위에 따라 등 쪽을 여는 때도 있다. 어느 날 수술대에 오른 한 환자도 등을 열어 수술한 경우였다. 평소대로 주 교수는 수술 후 펠로우 선생에게 마무리를 맡기고 돌아섰다. 그런데 갑자기 주 교수가 다시 방향을 바꿔 수술대로 돌아왔다.

"오늘은 내가 마무리할게."

수술실에 있던 팀원들은 갸우뚱했지만, 곧 그 이유를 알 수 있었다. 수술한 환자의 등에 커다란 용 문신이 있었는데, 주 교수는 두 동강 난 용의 수술마저 완벽하게 마무리하고 싶었던 것이다.

'저걸 예쁘게 꿰매지 않으면 용이 비뚤어질 텐데, 환자가 깨어나서 속상해하면 어떡하나.'

그가 용 비늘까지 한 땀 한 땀 맞춰 정성스럽게 꿰매자, 용은 새 생명을 얻은 듯했다.

그는 수술실에서 실력뿐 아니라 노련하면서도 따뜻한 리더십을 발휘했다. 그의 조카가 고등학교 시절의 일이다. 지홍은 당시 히트작이던 "하얀거탑"이라는 드라마를 보던 중 갑자기 이모부가 하는 일을 직접 보고 싶다는 생각이 들었다.

"미리 신청하면 수술을 참관할 수 있었어요. 친구랑 같이 가도 되냐고 했더니 흔쾌히 오라고 하셨어요. 조카가 당신께서 하는 일에 관심을 가지니 기분이 좋으셨던 것 같아요."

그날의 수술은 심장 근육에 혈액 공급을 원활하게 하기 위해 환자의 다리에서 혈관을 떼어 이어 붙이는 것이었다. 지홍은 평소 가족 모임에서 과묵하게 앉아 계시던 이모부가 수술실 안에서 수많은 사람을 진두지휘하면서 수술하는 모습이 놀라웠다.

"길이는 이 정도면 될까요?"

"아니, 그건 좀 짧고, 이 정도는 돼야지."

의학 드라마에서 교수가 수술실에서 보조하는 의사와 간호사에게 윽박지르거나 권위를 내세우는 모습만 보았던 지홍은 함께하는 의사들과 간호사들을 격려하면서 "한번 해 보자!"라고 하는 이모부에게서 따뜻하지만 카리스마 넘치는 리더십을 보았다.

"수술 끝나고 저와 친구에게 밥도 사 주셨어요. 그때 같이 간 친구는 지금 의사가 됐어요."

아무리 성격이 좋은 사람도 분초를 다투는 일을 하다 보면 예민해질 수밖에 없다. 주변 사람들이 자기 마음 같지 않은 때를 수없이 겪으면서 답답함과 분노가 쌓이고, 업무 스트레스는 늘어나는데 제대로 쉬지 못하거나 여기저기 신경 쓸 곳이 늘어나면서 마음에 여유가 사라지면, 점차 다른 사람을 향한 배려나 친절에 소홀해지기 쉽다. 작은 실수 하나에 생명이 왔다 갔다 하는 수술실에서야 오죽하겠는가. 그와 함께 일한 간호사는 말했다.

"흉부외과 의사들이 대부분 세요. 성격이 불같은 분들이 많죠. 그중에서 주 교수님은 보기 드물게 유한 선생님이었어요."

송석원 교수는 이렇게 말했다.

"너무 착하신 분이죠. 아마 그분보다 더 착한 사람은 없을걸요. 신기할 정도로 화내는 걸 본 적이 없어요. 행동이나 제스처 같은 것들이 굉장히 아이 같아요. 순수하세요."

병원에서 주석중의 별명 중 하나는 판다 푸바오의 이름을 빗댄 '주바오'였다. 함께 일하는 간호사들은 주 교수의 나이와 큰 체격에도 불구하고 그의 외모와 행동이 아이처럼 순수하고, 귀여운 곰돌이 같다고 입을 모은다.

"곰돌이 푸처럼 포근하신 교수님."
"교수님이 멀리서 걸어오실 때 너무 귀여우세요."
"출퇴근 때 이웃집 아저씨 같은 모습이 참 좋아요!"
"요즘 더 멋져지심. 귀여움도 더해 가심."
"조금은 귀엽고, 그러면서도 무게감 있으신 멋진 교수님."
"주석중 교수님, 흰 수염만 붙이시면 산타 할아버지 같을 텐데."

그렇다고 그가 화를 낼 줄 모르는 사람은 아니었다. 아내에게 화를 내고 출근한 어느 날 아침, 그의 기도문에는 화낸 일에 대한 회개가 적혀 있기도 했다. 아내는 이렇게 말한다.

"서로 의견이 충돌할 때는 티격태격하고 토라지기도 했어요. 그런데 남편은 금방 저에게 미안하다고 전화했어요. 하루는 퇴근 후 집에 들어오면서 '집이 왜 이렇게 춥지?' 하면서 제 눈치를 보는 거예요. 그럼 또 우스워서 마음이 풀려요. 제가 경상도 사람이라 그런지 말할 때 억양이 센 편인데 남편은 '왜 화를 내?'라고 하기도 했어요. 그러면 저는 '화'가 아니라 '강조'라고 답해요. 그래야 토라지지 않거든요."

그의 대학 후배이자 가장 가까이에서 그와 함께한 김준범 교수가 참여한 추모 논문의 마지막 문단에서 우리는 그의 또 다른 별명을 알 수 있다.

> 한국 심혈관계에 지대한 영향을 미친 그의 업적 외에도 주 박사의 가장 두드러진 점은 그의 인품이었다. 레지던트, 동료들에게 '너그러우신 주님'('choo-nim', 한국어로 '주님'으로 발음)으로 알려진 그는 한결같이 친절하고 너그러우며 다른 사람들을 돕기 위해 열심이었다. 병원에서 연차가 얼마 되지 않은 의사들이 수술 중 어려움에 직면했을 때면 주 박사의 지도에 의존했다.

'주님'이라는 별명은 그의 성인 '주'와 극존칭 '님'을 결합해 만들어졌다. 여기에는 그의 선한 인품에 대한 찬사가 포함되어 있다.

그러나 그런 그도 때로는 미움을 받기도 했다. 자신의 선의가 곡해되기도 하고, 누군가는 그런 그를 이용하기도 했다. 그때마다 그는 골방에 들어가 오직 예수 그리스도 앞에서 그의 마음을 토로했다.

"너는 기도할 때에 네 골방에 들어가 문을 닫고 은밀한 중에 계신 네 아버지께 기도하라 은밀한 중에 보시는 네 아버지께서 갚으시리라"(마 6:6).

물론 그의 곁에는 친구, 아내, 가족들이 있었다. 하지만 그는 가장 먼저 하나님께 자신의 마음을 의탁하고 도우심을 구했다. 기도 가운데 하나님이 주시는 위로와 격려 속에서 새 힘을 얻고 골방에서 나오면, 사람들은 그의 인격에서 나오는 친절, 인애, 미소, 인내, 용서, 감사, 배려를 보았다. 이는 하나님의 종이자 참된 신자로 살아가고자 한 그의 기도의 열매이기도 했다.

Calling, 소명

서툰 모국어

생명을 향한 관심

의대생이 되다

흉부외과를 선택하다

그녀를 만나다

기회를 만드는 준비

남과 다른 길

인간의 한계 앞에서

세 아들

서툰
모국어

주석중은 한겨울이었던 1964년 1월 말, 서울 불광동 할아버지 집에서 삼 형제 중 막내로 태어났다. 위로는 다섯 살, 두 살 위 형들이 있었다. 그의 가족은 고모들까지 한 골목에 모여 살았다.

당시 주석중의 아버지는 한국은행에서 외환 관련 업무를 맡고 있었다. 한국 경제가 비약적으로 발전하면서 외국과의 수출입이 늘고, 이로 인한 외환 업무가 늘어나면서 해외로 직원들을 파견하기 시작했다. 1965년, 그의 아버지는 동경 주재 한국은행으로 발령이 났고, 생후 9개월 된 주석중은 포대기에 싸여 일본행 비행기에 탔다.

한국은행이 본격적으로 해외 지점을 내기 시작하자 한국전쟁 때 미군 통역관으로 일한 경력이 있던 주석중의 아버지는 뛰어난 영어 실력에 탄탄히 쌓아 온 경력을 바탕으로, 한국은행 토론토 지점을 위한 사무실을 개설하러 떠났다. 1970년 당시만 해도 토론토에는 한국인이 약 1,000여 명에 불과할 정도로 이민자가 많지 않은 시기였다. 캐나다에서 주석중은 유치원을 거쳐 초등학교에 입학했다. 학교에 동양인이 많지 않아서 낯설고 어색했지만, 곧 언어를 배우고 문화에 적응해 나갔다.

가족이 토론토 생활에 어느 정도 익숙해졌을 때, 아버지는 미국 LA 지점장으로 발령이 난다. LA는 토론토와 달리 한국 직원들이 많아서 주말이면 직원 가족들과 교외로 나가기도 하고, 아버지가 운전하는 차를 타고 가족여행을 가기도 했다. 언어 능력이 비약적으로 발달하는 6세부터 캐나다와 미국에서 생활한 주석중은 한국어보다 영어로 읽고 쓰는 것에 더 익숙해졌다.

주석중은 어릴 때부터 조용한 성격인 데다 당시 만연했던 인종차별을 겪으며 처음에는 학교 적응에 어려움을 느꼈다. 그들과 동등한 대우를 받기 위해서는 그들이 쓰는 언어를 자유롭게 말하고 표현할 줄 알아야 한다고 생각한 주석중은 열심히 영어를 공부했다. 밤낮으로 영어사전을 붙들고 단어를 외우다가 영어사전을 통째로 외울 정도였으며, 교내 에세이 대회에서 수상을 하기도 했다. 이렇게 노력한 결과, 주석중은 편견과 차별을 극복하고 새로운 환경에서 친구들을 사귀며 즐거운 학창 시절을 보낼 수 있었다.

그의 가족은 약 5년간의 북미 생활을 마무리하고 귀국했다. 북미와 학제가 다른 한국에 와서 주석중은 월곡초등학교로 전학한다. 이때 처음 한국 학교에 다니게 되었다. 그의 어머니는 한국어가 서툰 막내를 태권도장에 보내면서 사범님에게 한국말을 많이 가르쳐 달라고 특별히 부탁했다. 방과 후에는 해외에서 배우지 못한 한국 지리나 사회 같은 과목을 어머니가 직접 아들에게 가르쳐 주기도 했다. 초등학생 주석중은 이런 내용을 지루해하거나 힘들어하지 않고 열심히 배웠다. 그는 어린 시절부터 배우는 것을 즐겼고, 스스로 책을 읽고 새로운 지식을 습득하는 것을 좋아했다. 그의 어머니는 막내아들이 늘 책을 읽는 모습을 자랑스럽게 여겨 종종 며느리에게 말했다.

"석중이는 한번 책을 잡으면 화장실에 가서도 나오지 않을 정도로 읽곤 했어."

그가 남대문중학교 2학년이 되었을 때다. 이번에는 미국 시카고 지사로 발령이 난 아버지를 따라 다시 온 가족이 타향살이에 올랐다. 2~3년을 주기로 나라와 지역을 옮기는 아버지의 직장을 따라 주석중과 형제들은 학교를 옮겼다. 시카고에서 귀국한 주석중의 가족은 홍콩 지사 발령을 받은 아버지를 따라 다시 짐을 쌌다. 당시 대학생이던 큰형을 남겨둔 채였다. 고등학생이 된 주석중은 홍콩 아일랜드 스쿨(港島中校)에 입학한다. 이 시절, 그는 전자기타를 치면서 친구들과 밴드 활동을 했다. 홍콩에서 고교 시절이 마무리될 무렵, 그는 다시 귀국해서 서울 중앙고등학교로 전학한다. 그는 총 4개국 5개 도시에서 7개의 학교에 다닌 후에야 비로소 초중고 시절을 마무리할 수 있었다.

집에서 한국어를 사용하기는 했지만, 영미권에서 학창 시절을 보낸 그는 연세대학교 신입생 시절만 해도 한국어에 서툴렀다고 한다. 그가 아무리 적응 능력이 좋았다고 해도, 서툰 한국어로 인해 이질감을 느끼지 않을 수 없었을 것이다. 그러나 그의 노력 끝에 서툴렀던 한국어에서 벗어날 수 있었다. 의대를 졸업하고 레지던트 때 만난 아내는 그의 모국어가 서툴렀음을 짐작할 뿐이다.

"저와 처음 만났을 때는 남편의 한국말이 전혀 어색하지 않았어요. 한국에 온 지 10년쯤 지났을 때였으니까요. 대학 입학 초기에는 서툴 수도 있었겠다 싶어요."

그는 영어에 탁월했다. 해외 생활을 오랫동안 경험하기도 했지만, 그의 끝없는 노력이 더해져 수준 높은 영어를 구사하는 데 막힘이 없었다. 세 아들은 자신들이 SAT와 토플을 준비할 때 교재의 어느 곳을 펼쳐도 아버지가 모르는 단어는 단 하나도 없었다고 말한다. 아버지를 따라 학회에 가 본 적이 있는 막내가 목격한 전문가다운 아버지의 모습은 너무나 인상적이었다.

"아빠가 영어로 말씀하실 때 진짜 멋있었어요. 미국인보다 더 영어를 잘하셨던 것 같아요. 외국에서 열린 학회 일정에 이틀을 더해서 저와 엄마도 같이 간 적이 있었어요. 평소와 달리 근사하게 정장을 입고 수많은 외국인 앞에서 발표하시는 아빠를 봤어요. 진짜 멋있었어요."

그의 아내는 남편이 처음 토플에 응시한 뒤, 시험 주관처에서 전해 온 이야기를 들려주었다.

"당신이 쓴 작문 답안이 너무 좋습니다. 모범답안으로 이것을 사람들에게 공개해도 되겠습니까?"

이러한 주석중의 유려한 문장 실력은 문학에 대한 애정에서 기인한 것이기도 하다. 그는 셰익스피어의 글을 읽으며 그 문체를 흉내 내기도 했다. 서툰 영어가 유려해질 때까지, 서툰 모국어가 유창해질 때까지 쉼 없이 읽고, 생각하고, 기록했던 주석중의 말과 글은 수많은 이들에게 값진 양분이 되었다.

생명을 향한 관심

주석중의 아버지는 당시 수재였을 뿐 아니라 복싱과 스케이팅 같은 운동에도 뛰어났다고 한다. 성품마저 호쾌하고 남자다워 사람들이 따르는 타고난 리더였다. 한국은행과 한국외환은행에서 실력을 인정받은 아버지는 다른 은행으로 이직한 후 은행장이 되었다.

"결혼해서 보니 아버님이 금융계에서 능력을 인정받은 분이더라고요. 우리 집에 와서 부모님께 인사드릴 때도 '아버지가 금융 쪽에 계시다.'라고만 했지, 은행장이라는 말은 하지 않았거든요. 남편은 어떤 면에서도 자기를 드러내거나 자랑하지 않는 사람이에요."

그의 어머니는 형제가 많은 집 늦둥이 막내딸이었다. 딸들도 대학까지 교육하고자 하셨던 아버지가 일찍 세상을 떠나자, 막내딸은 큰오빠의 집에 살면서 가정형편에 따라 대학 진학 대신 한국은행에 취직했다. 그렇게 아버지와 어머니는 직장에서 만나 결혼한 사내 커플이었다.

때로는 자녀들에게 엄격한 아버지였지만, 평소에는 가족적이고 다정한 분이었다. 형제끼리 싸우면 불러 뽀뽀를 시키며 화해하게 하는 방법을 쓰셨는데, 훗날 주석중도 아버지에게 배운 방법을 그의 자녀들에게 그대로 사용했다. 주석중의 아버지는 퇴근 때마다 간식을 사 들고 오고, 자녀들이 필요한 게 있으면 흔쾌히 들어주는 사람이었다. 주석중이 홍콩에서 고등학교 밴드부를 할 때 전자기타를 사 준 사람도 아버지였다. 주석중은 아버지가 반주를 마실 때면, 옆에서 기타로 아버지가 좋아하는 가요를 연주하곤 했다.

주석중의 아버지는 자녀들의 진로를 두고 '전문적인 기술'의 중요성을 강조해 왔기 때문에, 첫째 형이 의사가 되겠다고 하자 "의사가 수술하는 것도 기술이지. 기술이 있으면 먹고살아."라고 했다. 큰형이 서울대학교 의과대학에 진학하고, 작은형이 연세대학교 의과대학에 입학하면서 주석중도 자연스럽게 형들에게 영향을 받았던 것 같다. 하지만 그가 적성에도 맞지 않는 일을 집안 분위기 때문에 따라간 것은 아니다. 그는 충분히 의사가 될 자질을 품고 있었다.

그는 어릴 때부터 자연을 관찰하는 것을 좋아했다. 집 앞에서 개미를 관찰하느라 2시간 동안 쪼그려 앉아 있기도 했는데, 이런 성향은 어른이 되어서도 여전했다. 하루는 아내와 뒷산을 산책하다 뱀을 발견했는데, 피하기는커녕 멈춰 서서 한참을 관찰하기도 했다. 아이들과 남한산성 주변을 산책하다가 만난 길고양이들에게는 편의점에서 사 온 간식을 먹이고, 길을 가다가 강아지를 만나면 한 번이라도 쓰다듬어야 만족하는 사람이었다. 한번은 둘째 아들의 친구가 여행을 떠나면서 일주일 동안 강아지를 맡겼다. 그는 퇴근 후 가장 먼저 강아지를 찾을 정도로 좋아했다.

"강아지를 돌려보낼 때 아빠가 무척 슬퍼 보였어요."

그는 아내에게 강아지를 키우자고 말했다가 퇴짜를 맞기도 했지만, 끝내 희망을 놓지 않았다.

"여보, 우리 은퇴하면 개를 키울 수 있는 전원주택에서 살자."

이런 그의 어린 시절 꿈은 생물학자였다고 한다. 살아서 꿈틀거리는 모든 것에 대한 순수하고 투명한 호기심을 가졌던 소년. 생명을 향한 호기심과 경외감을 가진 이 소년은 훗날 사람의 가슴 안에서 쉼 없이 박동하는 심장을 고치는 의사가 되었다.

의대생이
되다

의대에 입학한 주석중은 서툰 한국어 실력 때문에 단어의 뜻을 찾느라 남들보다 두세 배 더 노력해야 했다. 차츰 학년이 올라가고 영어로 된 의학 원서를 공부하면서부터는 조금씩 수월해졌지만, 여전히 의대에서는 공부할 것이 많았다. 그는 학생 때부터 학구적이고 책을 좋아하는 사람이었다. 가족을 비롯해 그를 아는 이들은 하나같이 그를 '학구파', '아카데믹한 사람'이라고 평한다. 그는 새로운 것을 배우고 깨닫고 활용하고자 하는 욕구가 넘쳤다. 그런 의미에서 공부할 내용이 차고 넘치는 의대는 그에게 잘 맞았다. 배우고 또 배워도 더 배울 게 있다는 것은 '무언가를 탐구하고 알고 싶어 하는' 그를 자극하기에 충분했다.

전 세브란스 심장혈관병원 심장내과 최동훈 교수는 대학 동기 주석중을 이렇게 기억한다.

"학교 다닐 때 조별 과제를 많이 했는데 모두 자기가 잘하거나 하고 싶은 것을 하려고 했어요. 그런데 주석중은 별말이 없었어요. 항상 가만히 있다가 남들이 제일 하기 싫어하는 것, 아니면 분량이 많은 게 남으면 '그건 내가 할게.' 하고 넘어갔어요."

그는 사람들 사이에서 자기주장이 강한 사람이 아니었다. 가족 모임에서도 늘 조용했다. 하지만 조용한 사람이 소극적이라는 의미는 아니다. 이런 관찰자 유형은 모든 일을 찬찬히 그리고 꼼꼼히 파악하고 있을 가능성이 크다. 마음속으로 자기 생각을 정리하느라 침묵을 택하는지도 모른다. 게다가 그는 갈등을 싫어하는 평화주의자였다. 남에게 피해가 될 만한 일, 미안할 일을 애초에 만들지 않는 사람이었다.

의대 시절 친구들에게 그는 큰 존재감을 드러내는 사람이 아니었다. 개인의 독립성과 자유를 우선하는 서구사회에 비해 공동체적 가치를 중요시하는 한국 문화는 때로 사적 영역에서 자주 선을 넘기도 한다. 이런 부분에 그는 적잖이 놀라고 당황했겠지만, 그의 유순한 성품 때문인지 큰 갈등은 없었다. 어떤 면에서 그는 지나칠 정도로 다른 사람과의 관계에서 실례를 범하는 일을 피했다. 그는 친구가 보낸 문자를 빨리 확인하지 못하면 다음 날이라도 사과했다. 마음에 걸리는 것은 솔직하게 사과하고 용서를 구하는 사람이었다.

이런 솔직함과 투명함은 어른의 세계에서 약점이 될 때가 많다. 사회에서는 자기 이익을 계산하는 데 빠른 사람이 똑똑하고 자기 앞가림을 잘하는 사람으로 평가받는다. 자기를 희생하고 남을 먼저 배려하는 사람, 타자의 고통에 공감하는 사람, 약자의 편에서 선택하고 결정하는 사람을 '참 좋은 사람'이라고 말하면서도 한편으로는 '조금 바보 같은 사람'으로 생각하기도 한다. 하지만 주석중은 우리가 머릿속으로 그렸던 '참 의사'의 모습에 가까이 닿아 있었다. 언제나 사람에게 따뜻했고, 누구보다 배움에 뜨거웠던 의대생 주석중은 그렇게 참 의사의 길로 한 발씩 접어들고 있었다.

흉부외과를
선택하다

의대 졸업 후 인턴이 되면, 다양한 전공 분야를 경험하는 과정을 거친다. 그 과정에서 향후 어떤 분야를 전공할 것인지 선택하는 시간을 갖는다. 사람의 폐와 심장을 다루는 '흉부외과'는 최근에 '심장혈관흉부외과'로 그 명칭이 바뀌었지만, 여전히 사람들은 흉부외과에 더 익숙하다.

드라마 "슬기로운 의사생활"의 흉부외과 교수 김준완은 인턴 시절 수술실에서 힘차게 뛰는 아기의 심장을 만져 본 후, 그 자리에서 흉부외과에 지원했다. 그리고 자신이 교수가 되었을 때 인턴 의사들에게 다분한 의도를 가지고 수술을 참관하게 한다. 힘차게 박동하는 작고 소중한 심장에 조심스럽게 손을 올렸을 때 전해진 그 힘에 매료된 '어린 양들'이 외친다.

"교수님, 저 흉부외과 하겠습니다!"

살아 있는 사람의 가슴을 열고, 그 안에서 세차게 박동하는 심장이 보여준 생명력에 놀라 이런 말을 한 것은 심장이 쉬지 않고 움직이는 일이 곧 생명이자 우리의 삶이기 때문은 아닐까.

먹잇감을 놓치지 않으려는 사냥꾼처럼 김준완은 펠로우 선생을 향해 돌아서며 이렇게 말한다.

"쟤들 마음 바뀌기 전에 얼른 각서 받아 놔."

인턴 주석중은 어떤 이유로 흉부외과를 선택했을까? 아내는 그가 심장이 뛰는 것을 보고 매료됐을 것이라고 추측한다. 막내아들도 이에 동의하는 바다.

"아빠가 학회에서 발표하실 때 수술 영상을 본 적이 있어요. 사람 심장이 얼마나 쾅쾅쾅 힘 있게 뛰고 많이 움직이는지 보고 깜짝 놀랐어요."

큰아들은 아버지에게 왜 흉부외과를 선택했는지 물었던 일화를 떠올렸다.

"'슬기로운 의사생활'을 보고 저도 궁금해서 아빠에게 왜 흉부외과를 지원하셨는지 물었어요. 아빠가 『뉴욕타임스』에 한 흉부외과 의사가 기고한 글을 읽으신 적이 있는데, 너무 멋있었대요. 그때 꼭 흉부외과에 가야겠다고 다짐하셨대요."

정형외과에서 일하던 큰형은 막냇동생에게 정형외과를 권유했다. 하지만 그는 졸업 무렵 흉부외과에 가기로 결심했다. 큰형은 막냇동생의 선택을 말렸다.

"많이 말렸어요. 당시만 해도 흉부외과 환자 사망률이 지금과 비교도 안 될 만큼 높았거든요."

당시 대동맥 수술 성공률이 40~50% 정도였으니, 흉부외과 의사의 스트레스는 어마어마했을 것이다. 심장은 생명과 직결된 장기이다 보니 자칫하면 환자가 사망하거나 수술 후 하반신마비와 같은 중증 장애를 동반하기도 한다. 게다가 대동맥은 심장과 직접 연결된 우리 몸에서 가장 큰 동맥으로, 관상동맥과 함께 응급수술이 많다. 태생적으로 급하고, 중요하고, 위험한 부분을 다루는 것이다. 하지만 상황이 좋지 않아서 더욱 많은 학술적 연구와 수술적 노력이 필요한 분야이기도 했다. 주석중은 누구보다 이런 사실을 잘 알고 있었다. 그는 서울아산병원 뉴스매거진 인터뷰에서 자신이 흉부외과, 그중에서도 대동맥 분야를 선택한 이유를 이렇게 밝히고 있다.

주 교수는 예측할 수 없는 일에 대한 기대와 열정 때문에 대동맥 분야를 선택했다. 그는 "끝까지 가기 전까지는 누구도 결과를 단정할 수 없다."고 믿는다.
"대동맥을 전공으로 하다 보면 누군가에게는 평생에 한 번쯤 있을 일을 자주 경험합니다. 안정성이나 업무 강도의 측면에서 보면 제가 택한 대동맥 분야가 그리 편한 전공은 아니에요. 그러나 학문적인 성취나 결과가 가져오는 보람을 생각하면 이만한 전공이 없다고 생각합니다."

-『서울아산병원 뉴스매거진』 530호

'학문적인 성취나 결과가 가져오는 보람'은 한마디로 '죽을 사람이 살아나는 일의 성공률을 높이는' 연구와 수술이었다. 그는 이런 마음으로 세브란스에서 흉부외과 전공의 과정을 시작했다.

그녀를
만나다

주석중이 세브란스 레지던트 3년 차 때의 일이다. 연세대학교 원주 세브란스기독병원에 파견 갔다 돌아온 그에게 소개팅 제안이 들어왔다. 다른 학교에서 세브란스로 전공의 과정을 하러 온 2년 차 레지던트의 제안이었다.

"제 아내 친구의 친구인데, 정말 참한 분이에요."

그리고 당사자인 대구에 사는 여성에게는 주석중을 이렇게 소개했다.

"올곧고 마음 넓은 선배가 있는데, 두 사람이 정말 잘 어울릴 것 같아요."

레지던트로 바쁘게 사느라 여자 친구를 사귈 시간은 없었지만, 레지던트 생활을 마치고 나면 결혼해야겠다고 생각하던 차였다. 무엇보다 대구에 사는 그 참한 아가씨가 궁금했다. 그는 곧 대구행 버스를 탔다.

1991년 10월 5일 토요일 오후, 약속 장소는 대구의 한 호텔 커피숍이었다. 휴대전화가 없던 시절이라 호텔 직원이 이름 적힌 팻말을 들고 커피숍을 한 바퀴 돌면, 역시 이름만 알고 자리에 나온 상대방이 알아보고 신호를 보냈다. 아내는 애틋한 추억이 된 남편과의 첫 만남을 떠올렸다.

"인연이 되려고 했는지 커피숍에서 쓱 지나가는 한 남자를 보며 '저 정도면 괜찮겠다.' 하고 생각했거든요. 그 사람이 남편이었어요."

둘은 커피를 마시면서 이런저런 이야기를 나누다가 식사까지 한 후 헤어졌다.

"첫 만남에 무슨 이야기를 했는지 잘 기억나지는 않지만, 좋았던 것만큼은 기억나요."

첫 만남에 서로 반하는 일이 흔치 않지만, 이들은 그 흔치 않은 커플이었다. 그도 그녀가 마음에 들었다. 하지만 바로 연락하지는 못했다. 후에 그는 그 이유에 대해 이렇게 말했다.

"거절당할까 봐 못 했어."

그는 하루를 더 넘기고 나서야 용기를 내어 전화했다.

"안녕하세요. 엊그제 만난 주석중입니다."

"아, 네! 전화 잘 하셨어요."

여자의 말을 들은 그는 말할 수 없이 기뻤다.

'내 전화를 기다리고 있었구나!'

용기가 하늘 끝까지 솟아올랐다.

둘은 그렇게 데이트를 시작했다. 각각 서울과 대구에 살다 보니 자주 만나지는 못했지만, 2주에 한 번씩은 만나 장거리 연애를 이어 갔다. 조금 친해진 후에는 여자가 서울 이모 댁에 올 때 만났다. 하지만 잠잘 시간도 없을 만큼 바쁜 레지던트 남자 친구를 만나지 못하고 대구로 내려오는 일도 잦았다.

"너무 바쁘게 사는 그 사람이 짠했어요."

만나지 못할 때는 전화를 했다. 졸려서 내려오는 눈꺼풀을 필사적으로 밀어 올리며 새벽까지 끊임없이 이야기를 나누었다.

"전화 요금이 정말 많이 나왔지만, 서로 숨소리만 들어도 좋은 시절이었죠."

연인이 된 두 사람은 새마을호 기차 안에서 목이 아플 정도로 이야기를 나눴다. 하루는 겨울에 거리를 걷는데 여자가 추위에 몸을 살짝 떨었다. 여자 친구가 춥다는 것을 눈치챈 남자는 곧장 입고 있던 코트를 벗어 주었다.

"안 추우세요?"

"아뇨, 괜찮아요. 저는 아주 상쾌해요."

엄동설한에 와이셔츠 위에 코트 하나만 걸치고 나온 남자가 "나는 추위를 잘 타지 않아요."라고 하기에 여자는 그 말을 믿었다.

"그럼, 감사합니다."

나중에 알고 보니 좋아하는 여자에게 잘 보이고 싶은 남자의 마음이었다.

어느 날, 대구의 어느 산에 오르는 케이블카 안에서 일어난 일이었다. 그가 갑자기 미국 가수 조안 바에즈(Joan Baez)의 테이프를 여자에게 내밀었다.

"저는 조안 바에즈 노래를 좋아해요."

"아, 그래요?"

"우리 결혼하면 좋겠네요."

조금 당황스러웠지만, 그녀는 마음이 시키는 대로 솔직하게 대답했다.

"좋아요."

첫 만남에 이렇게 될 것을 예상이나 한 것처럼 모든 것이 자연스러웠다.

"남편을 만나기 전, 열 번 정도 선을 봤지만 한 번도 그런 느낌이 없었거든요. 그런데 이 사람은 처음부터 이유 없이 좋았어요. 다른 사람들은 만나면 집안에 대해 먼저 물었는데, 남편과는 서로에 대해서만 질문했어요. 그런 점도 좋았어요. 사람이 참 착하고 친절하고요. 수수한 차림도 마음에 들고, 체격도 너무 마른 사람은 싫었는데 딱 보기 좋았고요. 남편의 모든 점이 다 좋았어요. 무엇보다 순수함이 제일 좋았어요."

두 사람은 부모님께 서로를 소개했고, 양쪽 집안도 흔쾌히 승낙하면서 순적하게 결혼이 진행됐다.

"시어머님은 제가 남편에게 그늘이 되어 줄 큰 나무 같은 사람일 것 같다고 하셨어요."

두 사람은 이듬해 봄에 약혼하고, 그해 가을 결혼했다.

기회를
만드는 준비

결혼 후 주석중은 군 복무를 대체할 공중보건의 발령을 앞두고 있었다. 신혼살림은 발령받은 곳에 차리기로 하고, 그전까지 6개월간 부모님 댁에서 지냈다. 새색시는 시부모님과 함께 살면서 남편을 키워 주신 부모님을 가까이서 볼 수 있었다.

"양복을 입으신 아버님을 보면 중후한 멋이 있으셨어요. 젊었을 때 배우처럼 잘생기셨었대요. 어머님은 영민하고 똑똑하신데 뭐든 잘하려고 하시는 분이에요. 보름에 찰밥 하나를 만드셔도 완벽하게 하세요. 밥솥에 했다가 맛이 입에 차지 않으면 재래식 찜통에 다시 하실 정도로요."

결혼 후 석 달이 지났을 무렵, 부부에게 첫아이가 찾아왔다.

"남편은 바빠서 임신했다고 특별히 무언가를 해 주지는 못했어요. 딱 한 번 자두가 먹고 싶었는데 제철이 아니어서 못 먹었죠. 생각해 보니 아들 셋 낳는 동안 남편에게 과일 하나 못 얻어먹었네요. 그래도 불평하지 않았어요."

유산기가 있는 아내를 대구 친정에 보낸 그는 기초군사훈련을 마치고 경기도에 있는 이천파티마병원 공중보건의로 발령받았다. 그해 9월 아내는 친정에서 첫아이를 출산했다. 그때 수술이 있었던 그는 아내 곁을 지키지 못했다. 아이는 태어나자마자 잠시 인큐베이터에 들어갔다. 친정어머니는 괜히 산모가 걱정할까 싶어 아이 아버지에게만 이 사실을 전했다. 아이 아버지가 더 걱정하리라고는 예상하지 못했다. 아버지가 된 그는 반쯤 울먹이는 소리로 말했다.

"아니, 왜 아기가 인큐베이터에 있어요? 의사가 떨어뜨렸어요?"

아내는 후에 남편이 한 말을 전해 듣고 웃음이 터졌다.

'자기도 의사면서 그런 질문을 하다니.'

첫아이 현영은 큰 문제 없이 건강하게 퇴원했다. 주석중은 이제 한 아이의 아빠가 되었다는 기쁨과 함께 무거운 책임감을 느꼈다.

공중보건의 생활은 레지던트 때와 다르게 조금 여유가 있었다. 그는 수동 카메라를 꺼내 아이 사진을 찍기도 하고, 사람들이 취미로 권하는 골프도 시도했다. 하지만 좀 더 생산적으로 시간을 보내고 싶었던 그는 미국 의사면허 시험(USMLE:United States Medical Licensing Examination)을 준비했다. 아내는 그 힘든 레지던트 과정 후 전문의 시험을 본 것도 모자라 이제 좀 여유를 가질 만하니 또 새로운 시험에 도전하겠다는 남편이 신기했다. 그런 아내의 마음을 알았는지 그는 이렇게 말했다.

"언제일지 모르지만, 지금 준비해 놓으면 기회가 생길 수 있어."

3차에 걸친 미국 의사면허 시험은 난이도가 높은 시험으로 알려져 있다. 북미권 외 다른 나라 출신 의사가 3차까지 합격하게 되면 조건에 따라 미국에서 근로할 수 있는 비자를 받을 수 있지만, 그만큼 쉽지 않은 시험이었다. 그는 특유의 성실함과 노력으로 공중보건의 3년 동안 준비해서 시험에 합격했고, 공중보건의 생활을 마칠 무렵 신기하게도 그가 말한 기회가 찾아왔다.

남과
다른 길

연세대학교 의과대학 조범구 명예교수는 미국에서의 수련을 마치고 귀국하면서 세브란스에서 처음 심정지액(심장 수술을 원활하게 하기 위해 잠시 심장을 멈추게 하는 액)을 사용했다. 조범구 교수는 주석중의 스승이었다. 조 교수는 대동맥 수술의 세계적인 권위자 카를로스 듀란(Carlos M. G. Duran) 박사가 미국 몬태나 재단 산하 국제심장병원(International Heart Institute of Montana Foundation)을 시작하는 데 함께 병원을 세팅하면서 리서치와 연구를 도울 의사가 필요하다는 소식을 듣고 제자 주석중을 떠올렸다. 어린 시절을 미국에서 보내 영어에 능통했고, 무엇보다 미국 의사면허까지 소지하고 있었으니, 이보다 더 적임자가 없었다. 주석중 자신에게도 세계적인 석학과 함께 일하며 연구할 좋은 기회였다. 물론 다른 동기들보다 2년 늦게 임상에 들어가야 한다는 점이 걸렸지만, 그는 당시 상황을 떠올리며 훗날 이렇게 말했다.

"2년 뒤면 동기들은 안정된 자리에 앉아 있겠지만 나에게 그런 자리는 없을지도 모른다는 생각도 했다. 확실한 미래를 보장받고 싶은 마음이 왜 없었겠는가. 하지만 내 마음은 '그래도 하고 싶다.'였다."

그때 아내는 둘째를 임신 중이었다. 만삭인 아내와 어린 자녀까지 데리고 미국에 가는 것은 일종의 모험이었다. 만삭의 임산부가 비행기에 탑승하기 위해서는 각서까지 써야 했다.

1996년 6월의 끝자락, 주석중의 가족은 미국 몬태나에 도착했다. 그는 7월부터 듀란 연구소 리서치펠로우(research fellow, 연구의사)로 근무하기 시작했다. 7월 6일 새벽, 그의 아내는 진통을 시작했다. 밤늦게까지 일한 남편을 깨울 수 없던 아내는 혼자 짐을 싸고 준비를 마친 후에 남편을 깨웠다. 5시에 병원에 도착해서 6시에 둘째 아들 소영을 출산했다. 주석중은 이제 두 아이의 아빠가 되었다.

그는 특유의 성실함과 열정으로 맡은 일을 해 나갔다. 듀란 박사는 그런 그를 아끼고 신뢰했다. 때로는 한국의 동료들이 걷는 길에서 일탈했다는 생각에 외롭고 두려웠다. 그러나 밤늦게까지 새로운 논문을 읽고, 하루에 90분씩 세계적인 학자와 대화한 시간은 긴 세월 동안 그가 흉부외과 의사로서의 길을 걷는 데 든든한 자양분이 되었다.

두 사람이 2년 동안 애쓴 연구와 논문은 큰 성과로 돌아왔다. 주 교수의 추모 논문에서는 당시 성과를 이렇게 말하고 있다.

1996년부터 1998년까지의 연구 펠로우십 동안 주 박사는 수많은 연구논문을 집필했는데, 이는 당시 한국에서 보기 드문 성과였다.

듀란 박사는 그와 계속 일하고 싶어 했지만, 주석중은 애초 계획한 2년을 마치자 지체 없이 모교로 돌아왔다. 이제 본격적으로 흉부외과 의사로서 현장에 투입되어 수술하고 싶었기 때문이다. 그런데 그의 빛나는 연구 성과가 도리어 그의 발목을 잡으려 했다. 임상보다 연구를 제안받게 된 것이다. 그는 다시 결단을 내리고 대책 없이 사직했다. 두 달간 쉬면서 병원에 원서를 냈다. 다른 병원에서도 자리를 주겠다고 했지만, 그는 중앙병원(현 서울아산병원)을 택했다. 이곳이 앞으로 더욱 성장하는 병원이 되리라 판단했기 때문이다.

그로부터 몇 년 후, 그는 퇴임하는 듀란 박사에게 편지를 보냈다. 그리고 박사가 세상을 떠났을 때는 바쁜 일정 중에도 2박 3일의 시간을 내어 장례식에 다녀왔다. 마지막까지 그의 연구실에는 듀란 박사와 함께 찍은 사진이 걸려 있었다.

인간의
한계 앞에서

1992년 11월 11일은 우리나라 흉부외과계에 이정표가 세워진 날이다. 중앙병원이 우리나라 최초로 심장이식 수술에 성공한 것이다. 연이어 두 번째 수술까지 성공하면서 다른 병원에서도 심장이식 수술이 확산되었다. 이 일로 중앙병원 흉부외과는 대중적인 명성을 얻었다.

1998년, 서른 살이 훌쩍 넘은 주석중은 전임의 생활을 시작했다. 임상 현장은 혹독했다.

"힘들어하는 사람이 많았어요. 소같이 우직한 성격의 남편은 남았지만, 교수가 될 때까지 버틴 사람이 많지 않을 정도였어요. 남편도 그때 처음 하나님을 붙잡았어요. 한계가 올 만큼 힘들어서요."

며칠씩 제대로 자지도, 먹지도 못하면서 고도의 집중력을 발휘해야 하는 수술실에서 엄격한 가르침을 받는 과정은 그의 육체와 정신의 한계를 시험했다.

하지만 아무리 과정이 힘들어도 결과가 좋을 때 보람을 느끼기 마련이다. 그는 참여한 수술로 환자가 잘 회복하여 병원을 떠날 때면 힘든 것보다 기쁨을 느꼈다. 중환자실 당직을 하며 지켜본 환자가 결국 사망하거나 하반신마비와 같이 돌이킬 수 없는 장애를 얻기라도 하는 날이면 그의 마음은 조용히 무너져 내렸다. 눈앞에 있는 한 인간의 죽음 앞에서 태연할 수 있는 사람이 있을까? 안타까움과 비통함, 의사로서 혹은 인간으로서의 한계를 느끼며 절망감을 느낄 수밖에 없었으리라. 죽음 앞에 선 인간은 필연적으로 신 앞에 가닿는다. 피투성이가 된 수술실, 온갖 고통의 공기가 가득한 중환자실에서는 답을 알 수 없는 질문들이 줄을 잇는다.

'삶은 왜 이리도 허무한가?'

'왜 어떤 이는 살고, 어떤 이는 죽는가?'

'지금까지 내가 내린 선택들은 모두 올바른 것이었나?'

'지금보다 상황이 나아질 수 있을까? 상황이 나아진다는 것은 무엇을 의미하는 것일까?'

벽을 만난 것처럼 느껴질 때면, 그는 전쟁터 같은 병원을 떠나 고요한 성당을 찾았다. 그리고 하나님께 기도했다. 원래 주석중의 집안은 기독교와는 아무 연관이 없었다. 어머니가 가끔 절에 등을 달려고 가시곤 했지만, 자녀에게 신앙을 강요하지는 않았다. 그는 이듬해 명동성당에서 세례를 받았다. 그의 세례명은 요셉이었다.

2000년, 드디어 주석중은 서울아산병원 흉부외과 조교수가 되었다. 이때 그의 가족은 서울아산병원 근처 풍납동으로 이사를 했다. 남편이 세례를 받은 이듬해, 아내도 세례를 받았다. 아내 집안도 기독교와는 연관이 없었고, 이사한 후로 신앙을 이끌어 주는 이도 없어 부부는 곧 '냉담자'(세례는 받았으나 종교활동에는 적극적이지 않은 사람)가 되었다. 하지만 주석중은 하나님에 대한 믿음을 가지고 계속 기도했다. 부부가 개신교로 개종하고 본격적으로 신앙생활을 하게 된 것은 자녀들 덕분이었다.

"남편과 저는 성적보다는 인성에 더 가치를 두고 아이들을 양육하고 싶었어요. 아이가 숙제를 하지 않거나 성실하지 못한 태도를 보이면 꾸짖었지만, 성적이 나쁘다고 뭐라고 하지는 않았어요. 하지만 아이들이 학교에 가면 성적으로 평가를 받게 되니까 스트레스를 받을 수밖에 없잖아요."

부부는 아이를 경쟁이 치열한 공립 중학교에 보내는 것을 포기했다. 세 아들 중 유일하게 미국에서 태어나 미국 시민권이 있는 둘째를 외국인 학교에 보내는 방법도 있었다. 이런저런 생각을 하던 중에 가까운 지인이 충북 음성에 있는 크리스천 기숙학교(GVCS: Global Vision Christian School, 글로벌선진학교)를 소개해 주었다.

"우리 아이들도 그곳에 보냈는데, 선생님들이 다 기독교인이고 인격적이어서 믿고 맡겼어요. 미국 커리큘럼에 따라 수업해서 졸업한 후 미국 대학으로 진학할 수도 있었고요."

외국인 학교보다 훨씬 나은 선택으로 보였다. 지인은 친절하게

도 학교가 있는 음성까지 함께 가서 학교 탐방을 해 주었다. 막상 학교에 가서 선생님들을 만나고 나니 아이를 보낼 결심이 굳어졌다. 다만 내향적인 둘째를 혼자 시골로, 그것도 기숙학교에 보낼 일이 걱정이었다. 당시 중학교 3학년이던 첫째도 고등학생이 되면 학업 스트레스를 더 많이 받게 될 터였다. 첫째의 미래를 위해서도 좋은 기회라는 생각이 들어 둘 다 보내기로 했다. 그런데 입학에는 생각하지 못한 한 가지 조건이 있었다. 부모 모두 교회에 출석하는 교인이어야 한다는 것.

"크리스천 기숙학교여서 부모가 기독교인이어야 했죠. 남편도 저도 문제 될 것이 없었어요. 서약서를 쓰고 나서 약속을 지키기 위해 그때부터 빠지지 않고 교회에 갔어요. 학교를 소개해 준 지인을 따라 그분이 이사 가기 전까지 같이 교회에 다녔어요. 하루는 부산에 사는 친구가 이재철 목사님의 '새신자반' 강연 CD를 보내 줘서 열심히 들었어요. '이런 분이 계신 교회에 가면 너무 좋겠다.' 하고 생각했는데 집 근처에 그 교회가 있다는 거예요. 그렇게 주님의교회에 출석하면서 신앙생활을 시작했어요. 무엇보다 남편이 교회에 나간 이유는 서약했기 때문이에요. 그 사람은 약속을 꼭 지키려고 했고, 거짓말도 못 하는 성격이니까요."

십 대 아들 둘을 타지의 기숙학교에 보낸다는 것은 부모와 아이 모두에게 쉽지 않았다. 고속버스를 타고 창밖으로 손을 흔들면서 눈물을 흘리는 두 아이를 보며 아버지인 주석중도 돌아서서 눈물을 훔

쳤다.

"남편이 아이들 양육을 비롯해 집안 살림을 도맡아 하는 저의 부담을 줄여 주려고 했던 것 같아요."

물론 일차적으로는 아이들의 미래를 위한 선택이었지만, 2003년 태어난 막내아들까지 세 아이를 혼자 감당해야 하는 아내를 위해서도 필요한 선택이었다. 그런 남편의 마음을 아내는 고맙게 생각했다. 훗날 남편이 자신의 이기심으로 인해 아내를 희생시켰다고 고백할 때도 아내는 고개를 가로저었다. 남편이 항상 자신을 가장 먼저 배려해 주었음을 알고 있었기 때문이다.

"남편은 늘 저에게 따뜻하게 말하고 제 편이 되어 주었어요. 지금 생각해 보면 아이들을 기숙학교에 보내면서 교회에 더 열심히 나가기 시작한 것 같아요. 보내지 않았다면 열심히 나가기 어려웠을 거예요."

세
아들

그의 세 아들은 비교적 어린 나이에 부모를 떠나 학창 시절을 보냈다. 첫째는 고등학교 졸업 후 미국 대학에 갔고, 둘째는 한국에서 대학을 졸업하고 미국 회사에 취직해 떠났다. 주석중은 훗날 자신의 일기에 두 아들을 크리스천 기숙학교에 보낸 것이 올바른 선택이었다고 말하면서도, 소위 가정교육을 바로 옆에서 하지 못한 아쉬움을 토로한다.

현영이와 소영이가 버스 좌석에 앉아 창밖을 바라보면서 눈물을 뚝뚝 흘리며 GVCS를 향해 출발한 것이 엊그제 같다. 이제 현영이는 학사 일정을 마치고, 오늘부터 마지막 몇 개월을 집에서 보낸다. 그동안 나름대로 어려움도 많았을 것이고, 그 과정에서 인생 공부도 많이 했을 줄 믿는다. GVCS에 보낸 것은 현영이의 장래를 생각할 때 정말 잘한 결정임이 틀림없다. 물론 집에서 지내지 못

해, 소위 말하는 가정교육을 하지 못한 아쉬움이 있다.

그는 아이들 각자의 개성과 성향을 발견하고 그에 맞는 진로를 아이들과 함께 고민하면서 부모로서 최선의 지도를 하기 위해 노력했다. 둘째 소영은 그런 아버지의 모습에서 사랑을 느꼈다.

"이거 해 보면 어때? 저거 해 보면 어때? 이렇게 물어보시면서 제가 커서 어떤 것을 하면 행복하게 살 수 있을까 늘 고민하셨어요. 그때는 흘려들었는데, 지금 생각해 보니 아빠가 저희를 얼마나 사랑하셨는지, 얼마나 자녀들이 잘되기를 바라셨는지 느껴져요."

막내는 한국에서 공립학교에 다니다가 중학교 2학년 때 미국으로 유학을 떠났다. 부부는 공부를 비롯한 그 무엇에도 아이들에게 압박이나 스트레스를 주지 않았다. 막내 도영은 이렇게 말한다.

"솔직히 공부는 너무 안 했다 싶을 정도예요."

미국에 간 막내에게 아버지는 이렇게 말하기도 했다.

"아빠는 도영이가 행복하기만 하면 커뮤니티 칼리지(일반 사회인에게 대학 정도의 교육을 제공하기 위해 대학에 병설한 과정, 일반적으로 배우고자 하는 사람은 누구나 입학이 가능하다.)에 가도 좋아. 네가 하고 싶은 것을 하면 좋겠어."

그렇게 자란 막내가 고등학생이 되면서 공부를 열심히 하기 시작하자, 기특하면서도 한편 걱정이 된 아버지는 아들에게 조심스럽게 말했다.

"도영아, 너무 힘들게 안 해도 돼. 재미있게 해. 그게 아빠가 너를 미국에 보낸 이유야. 거기는 자연과도 가깝고, 한국처럼 경쟁적인 분위기가 아니니까."

실제로 그는 막내가 다섯 살일 때 아이에게 "스케이트 배워 볼래?"라고 제안한 아버지였다. 그는 아이의 손을 잡고 한국체육대학교 빙상경기장에 가서 미리 익힌 스케이팅 기술을 가르쳐 주었다.

"코너를 이용해야지. 허리를 좀 더 숙여야 해."

그는 아이가 남들이 많이 하지 않는 스포츠를 하나 배워 두면 나중에 학교에서 자신감을 가지는 데 도움이 될 것이라고 생각했다. 다행히 아이도 좋아해서 꾸준히 8년이나 탔다. 막내가 대학에 입학했을 때도, 그는 학교 홈페이지에 들어가 아들이 배울 4년 치 커리큘럼을 찾아보고 이렇게 조언하기도 했다.

"군 전역 후 복학해서 공부하려면 어려울 테니, 시간 날 때마다 열심히 봐 둬야겠다."

생전에 그는 부모로서 자녀들이 잘 자라 준 것에 대한 고마움과 대견한 마음을 전했다.

"너희 세 명 모두 잘 자라 주어 엄마, 아빠는 정말 고맙고 대견해. 장남 현영이는 미국에서 당당하게 일하며 존재감을 키우고 있고, 우리 소영이는 멋진 직장인으로서 잘 적응하며 다른 모든 준비를 마친 상태고, 도영이는 빅 애플(BIG APPLE, 뉴욕 시티의 별칭, 막내가 다니는 대학이 뉴욕에 있음)로 출발해서 인생의 첫발을 힘차게 내디

됐네. 엄마, 아빠는 너희들이 자랑스러워. 지금까지 힘든 여정을 잘 지나왔다. 우리 가족 모두 사랑해."

"너희 모두 너무 보고 싶다. 현영이가 안정되게 자리를 잡아서 동생들에게 든든한 형으로서 힘이 되어 주니 보기 좋다. 소영이도 날이 갈수록 회사와 미국 생활에 잘 적응하고 있으니 정말 대견하고 기쁘다. 도영이는 대학 생활에 잘 적응하고 공부도 열심히 하는 모습을 보니 안심이 된다. 우리 가정이라고 해서 걱정이 없는 것은 아니지만, 하나님이 우리를 인도하시고 어떤 어려움도 잘 극복할 수 있게 도와주실 것을 믿는다."

그는 멀리 떨어져 사는 세 아들에게 자주 안부를 묻고 사랑을 표현했다.

"지난주에 우리 소영이가 매우 아팠다고 하네. 왜 엄마, 아빠에게 말하지 않았어? 가족은 즐거움뿐만 아니라 힘들고 어려운 일도 모두 함께하는 거야. 좋아졌다니 다행이네. 소영아, 건강하게 잘 지내라."

"괜찮아. 별로 안 아팠어."

"알았어. 아빠가 우리 소영이 사랑하는 거 알지?"

"응!"

"엄마, 아빠는 너희를 믿고 사랑해. 너희도 스스로를 믿고 자신감을 가지고 살길 바라. 우리 가족 모두 힘내고, 주 예수 그리스도만을 바라보면서 최선을 다해 열심히 살자. 엄마와 아빠의 사랑은 위

대한 것이다."

그는 자녀들에게 이렇게 메시지를 보내고는 자녀들의 미래를 주님 손에 맡기며 기도했다.

> 아버지, 나의 아름다운 아내와 아이들, 그리고 다른 가족들과 내가 사랑하는 모든 이들에게 복을 주십시오. 내 주변의 모든 사람, 그리고 현영, 소영, 도영이의 길을 인도해 주십시오. 모두 좋은 녀석들입니다. 그 아이들은 순수하고 품위 있는 마음을 가지고 있습니다. 그 아이들이 발휘할 수 있는 능력은 모두 하나님께로부터 나온 것이니, 부디 이 어려운 세상을 헤쳐 나갈 지식과 지혜로 아이들을 인도해 주십시오. 우리 주 예수 그리스도의 이름으로 기도합니다. 아멘.

Favorite, 애정

가장 귀중한 자산
뷰파인더에 담은 것
아날로그 인간
문학소년
즐거운 식탁
함께한 일상
선율이 흐르는 인생
투명한 진심
주는 것이 더 복되도다

가장 귀중한
자산

주석중은 수술과 환자 케어, 연구와 논문, 학회 등의 일 이외에는 가족과 함께하는 시간을 우선했다. 아이들과 자전거를 타거나 자녀의 미래에 대해 함께 고민하고, 단골 고깃집에 가거나 치킨을 시켜 먹으면서 시간을 보냈다. 매일 아침, 말씀을 묵상하고 기도하는 시간도 빼놓지 않는 일과였다. 그렇다고 그의 삶이 온통 의무와 책임만으로 이루어진 것은 아니었다. 그는 '자기 자신다운' 여가와 취미를 즐겼다. 다음은 그의 여가와 취미 생활에 관한 기조를 보여주는 일기의 대목이다.

요즘 사람들을 만나면 골프를 시작하라는 권유를 곧잘 듣는다. 나는 골프를 시작했다가 일찍 그만두었다. 지금 와서 내가 골프를 치는 것은 그것을 통한 즐거움보다 스트레스가 더 클 것이 틀림없다. 지금 내 생활 패턴에서 골프를 시작하는 것은 가족에 대한 도리가 아니다. 지금까지 일을 핑계 삼아 가정에 소홀한 부분이 있어도 용납되었는데, 나의 즐거움이나 일의 연장을 위해 골프를 치겠다는 것은 너무나 이기적인 생각이다. 그래서 나는 골프를 치지 않으리라 다짐했고, 지금도 변함이 없다.

시간상으로 여유가 있는 공중보건의 시절에 많은 의사가 취미로 골프를 배우곤 했는데, 실제로 그의 주변인들도 골프를 취미 삼은 이들이 많았다. 골프는 진행 방식이나 골프장의 위치 등을 고려할 때 상당한 시간이 소요되는 취미 활동 중 하나다. 골프는 스포츠이기도 하지만 대화할 시간이 많아 필드에서 비즈니스에 관한 대화가 이루어지기도 한다. 하지만 그는 일찍이 시간이 많이 소요되는 취미 생활을 포기했다. 가족들과 더 많은 시간을 보내기 위해서였다. 그가 남긴 일기에는 시간에 대한 그의 생각이 잘 드러나 있다.

시간은 가장 귀중한 자산이다. 그런데도 우리는 종종 시간보다 돈을 낭비하는 것을 더 두려워한다. 인생을 충만하게 살기 위해서는 삶에 대한, 이 단순한 사실을 인식해야 한다. 나는 이를 실천하고 아이들에게도 가르칠 것이다.

그는 '이 단순한 사실'을 군 복무 중인 막내에게 알려 주고 싶은 마음에 조금 긴 메시지를 보냈다.

도영아, 오늘 즐겁게 지내. 이 글은 아빠의 사랑과 충정이 담긴 글이니 열린 마음으로 나중에 잘 읽어 보기 바란다. 지금까지 너는 너의 노력으로 셀 수 없이 많은 어려운 관문을 잘 통과해서 여기까지 왔다. 참 장하고 훌륭하다. 하지만 이 기회가 앞으로 네 인생의 목표 달성을 위한 발판이 되기 위해서는 너의 부단한 노력이 계속 더해져야 할 것이다. …… 이 소중한 시간은 한 번 지나가면 다시는 오지 않을 마지막 기회일지도 모른다. 아빠가 한 가지 걱정인 것은 네가 필요한 모든 준비를 하지 못하고 무의미한 시간만 보내다 복학하는 것이 아닐까 해서다. 자칫 잘못하면 대학 졸업이 당연한 것이 아니라고 생각할 수도 있다. 네가 실제로 공부를 해 보면 알겠지만, 어느 시점에 이르면 진도도 잘 안 나가고 생각보다 어렵다고 느끼게 될 것이다. 그러니 초심으로 돌아가서 틈틈이 열심히 준비하길 바란다. 전에 너의 일정을 들어 보니 불필요한 일에 시간을 너무 많이 보내는 것 같다. 마음만 먹으면 얼마든지 공부할 시간을 찾아낼 수 있을 것이다. (하략)

그가 공중보건의로 대체복무할 때 미국 의사면허를 취득한 것을 생각하면, 군에 있는 아들에게 한 조언의 의미를 이해하게 된다. 그는 자녀들에게 메시지로 시간의 중요성에 대해 종종 언급했다.
"오늘 하루 동안 할 일, 하고 싶은 일이 많겠지만 우리에게 주어진 시간은 변함이 없다. 그러니 무엇을 먼저 할지 생각하면서 귀중한 시간을 할애하기 바란다."

"Stages in life"

Like the endless stream of water flowing down a river, time is a continuum immemorial with seemingly no beginning and no end. On this infinitely expanding spectrum of time, our lives are but a tiny speck that is barely recognizable. It is only through a thousand times, perhaps millions or billions of magnification that we can see the changing stages of our lives. At the blink of any eye, every instant becomes in the present becomes the past and every approaching future becomes the present for a brief moment only to become the past. We are always older than we once were but younger than when we will be, just to become older than that moment.

"흘러가는 시간"

강을 따라 흘러가는 끝없는 물의 흐름처럼, 시간은 시작도 끝도 없는 것처럼 보이는 영원의 연속체입니다. 무한히 확장되는 시간의 스펙트럼 속에서 우리의 삶은 알아보기 힘들 만큼 작은 점에 불과합니다. 우리 삶의 변화하는 단계를 보려면 수천, 수백, 수십억 배율을 통해서만 가능합니다. 눈 깜짝할 사이에 모든 순간은 현재가 되었다가 과거가 되고, 다가오는 모든 미래도 잠시 현재가 되었다가 과거가 됩니다. 우리는 언제나 지나간 나보다 나이 들었지만, 다가올 나보다는 젊습니다.

주석중은 시간의 무한함과 인간의 한계를 동시에 받아들이면서 지금, 이 순간을 살아가라고 말하고 있다. 하나님은 시간을 초월해 계신다. 인간은 탄생에서 죽음까지의 시간을 일직선으로 보기 때문에 과거, 현재, 미래로 나눠서 생각하지만, 시간에 묶인 인간이 알아야 할 지혜가 있다면 그것은 이 땅에서의 삶이 영원하지 않으리라는 것이다.

주석중은 기도 가운데 시간에 대한 지혜를 구했다.

"우리에게 우리 날 계수함을 가르치사 지혜로운 마음을 얻게 하소서"(시 90:12).

새로운 하루 그리고 새로운 주간의 출발이다. 금요일이 되어 이번 주를 되돌아봤을 때 뭔가 꽉 찬, 그리고 성과가 있는 한 주였다고 말할 수 있기를 바란다. 오늘도 달리자!

뷰파인더에
담은 것

카메라는 그의 신체 일부나 다름없을 정도로 그가 애착을 가진 물건이었다. 그는 사진 찍는 것을 진심으로 좋아했다.

"남편은 잠깐 나가도 카메라를 늘 가지고 다녔어요. 마치 자기 피부나 옷인 양 동네를 걸을 때도 매고 다녔어요"(아내).

"석중이는 사진 찍는 것을 좋아했어요. 그렇게 무거운 카메라를 꼭 가지고 다녔어요"(큰형).

"아빠를 생각하면 가장 먼저 카메라가 떠올라요. 틈만 나면 어디선가 조용히 나타나 저희를 찍곤 하셨어요. 나중에 아버지가 찍은 사진을 보니 온통 가족사진이었어요"(소영).

"사진 찍으시는 교수님을 몇 번 봤는데 카메라도 교수님처럼 너무 깜찍하고 사랑스러웠어요. 찍은 사진은 저희 ICU(intensive care unit, 중환자실)와도 공유해 주세요. 교수님의 솜씨가 너무 궁금해요"(동료).

그는 대학 시절 사진반 활동을 했다. 출사를 나가기도 했는데, 레지던트 생활이 시작되면서 잠시 손에서 카메라를 내려놓을 수밖에 없었다. 그러나 결혼하고 공중보건의로 일하면서 시간적 여유가 생기고, 첫아이가 태어나면서 다시 카메라를 꺼냈다.

그는 필름 카메라를 애용했다. 조리개와 셔터 속도를 조절해서 찍는 필름 카메라와 사진관에서나 볼 수 있는 렌즈가 두 개 달린, 이안 반사식 카메라도 사용했다. 항아리 하나를 거실에 놓아두고 조리개와 셔터 속도를 조금씩 다르게 찍은 후에 빛의 노출이 다른 사진 견본을 만들기도 했다. 그가 찍은 사진의 대부분은 집 안에서 가족을 찍은 것이다.

사진 한 장을 찍기 위해서는 긴 과정이 필요했다. 펼친 삼각대에 카메라를 조립해서 고정하고, 필름이 있는지 확인한 후에 모델을 물색한다.

"도영아, 여기 앉아 봐."

막내아들이 아빠의 의도를 파악하고 다가온다.

"이제 여기 한번 봐."

찰칵. 그에게 가족은 가장 사랑하는 피사체였다. 가족들은 아버지와 남편의 카메라 셔터 소리가 언제 어디서 들려올지 몰랐기에 대부분 무방비 상태에서 찍혔다. 큰아들은 사진 찍는 아버지가 가끔은 귀찮기도 했다.

"부스스한 머리에 반쯤 감긴 눈으로 억지로 아침을 먹는 저희의 모습이 뭐가 그리 좋으셨던지 활짝 웃으며 찍기도 하셨고, 주말 오후에 산책할 때면 몇 걸음 뒤에서 나란히 걷고 있는 저희 삼 형제와 어머니의 모습을 필름에 담기도 하셨어요. 어렸을 때는 쉬지 않고 저희 곁에서 사진을 찍으시는 아버지가 잘 이해되지 않아서 어떤 때는 그만 찍으시면 좋겠다고 투정을 부리기도 했어요."

그는 구순이 넘은 장인어른, 장모님이 병원 방문차 서울에 오시면 집에서 함께 시간을 보내며 좋아하시는 볶음밥이나 가지 요리, 빵을 만들어 드렸다. 두 분과 함께 아산병원 근처 둑길로 벚꽃 구경을 나갈 때면 어김없이 카메라를 챙겼다.

"진해 벚꽃이 유명하다는데, 여기가 훨씬 멋지네."

사위는 행복해하시는 두 분을 놓치지 않고 카메라를 들었다.

"장인어른, 장모님, 여기서 사진 한 장 찍어 드릴게요."

큰형은 사진에 대한 동생의 열정 덕분에 추위에 떨었던 추억을 떠올렸다.

"제가 시카고에 있을 때 석중이 가족이 몬태나 가는 길이라며 들렀어요. 그때 시카고 날씨가 영하 20~30도였는데, 야밤에 가족사진을 찍어 준다며 우리를 거리에 세워 놓은 거예요. 한참 시간 들여 겨우 찍었어요. 한 1년 뒤에 그 사진을 주더라고요."

그의 사진 촬영은 찍기 위한 준비 과정도 길지만, 찍고 나서 카메라를 가방에 넣기까지 더 오랜 시간이 걸렸다. 에어펌프와 족제비 털붓으로 카메라에 쌓인 먼지를 제거하고, 부드러운 천으로 카메라에 묻었을 지문을 닦았다. 이 모든 과정을 집중해서 능숙하게 하는 모습을 보는 아내는 속으로 감탄한다.

'어쩜 저렇게 관리를 잘하는지. 10년도 넘은 카메라가 아직도 새 것 같네.'

큰아들은 장례식을 마치고 아버지의 서재 책상 아래에서 여러 개의 작은 상자들을 발견했다. 그 안에는 아버지가 찍어서 인화한 사진들이 빼곡히 담겨 있었다. 아들은 그 자리에 앉아 사진을 한 장 한 장 살펴보았다.

- 온 가족이 거실 소파에 앉아 집중해서 텔레비전을 보는 모습
- 티셔츠가 가슴팍까지 말려 올라간 채로 늦잠 자는 모습
- 시험 전날 인상을 찌푸리며 긴박하게 노트를 정리하는 모습
- 엄마가 어린 시절 우리 옷을 갈아입히는 모습
- 다 같이 치킨을 먹는 모습

큰아들은 그 사진 속에 아버지가 없음을 알아차렸다.

"왜 더 자주 아빠한테 사진을 찍어 드리겠다고 말하지 않았을까 후회했어요."

장남은 장례식을 마치고 미국으로 돌아가기 전, 아버지가 평소 가장 자주 들고 다니던 카메라를 챙겼다. 아버지가 생각날 때마다 그 카메라를 보기 위해서다.

"아빠를 떠올리면 투박하지만 정교하게 생긴 필름 카메라를 목에 걸고 계신 모습이 생각나요. 병원에서 가운을 벗은 순간부터, 늘 카메라를 몸에 지니고 계신 게 아닐까 싶었을 정도로 항상 손에 쥐고 계셨으니까요."

밤낮없이 치열한 하루를 보내고 온 그가 담은 평범하고 소중한 가족의 일상이 그가 찍은 사진 안에 고스란히 담겨 있다.

아날로그
인간

그는 노트에 일기나 수술일지를 쓸 때 만년필을 애용했다.

최근 나의 관심을 사로잡은 것은 다름 아닌 만년필이다. 집착에 가깝다. 오마스 피닉스(Omas phoenix)는 F촉(nib, 펜촉의 굵기)으로 굵지만, 필기감은 꿈같다. 지금 사용하고 있는 쉐퍼 레거시(The Sheaffer Legacy)는 좀 걸쭉한데 정말 버터처럼 부드럽다.

"남편이 노트에 일기를 쓰게 된 것도 만년필이 좋아서예요. 만년필의 감촉을 느끼려고 컴퓨터 대신 종이에 쓴 것 같아요."

그는 펜촉에서 흘러나오는 잉크가 종이에 닿는 미세한 압력을 통해 마법처럼 글씨가 태어나는 그 순간의 감촉을 즐겼다. 만년필은 국가나 제조사마다 펜촉이나 필기감이 다르고, "만년필은 빌려줄 수 없다."라고 할 정도로 쓰는 사람에게 맞춰지는 개성이 강조된 필기

구다. 우리나라에서 대중적인 필기구는 아니지만, 그가 어린 시절을 보냈던 북미는 만년필 사용이 친숙한 곳이다. 그가 일기에서 언급한 쉐퍼는 파카, 워터맨과 더불어 대표적인 만년필 브랜드이다. 그는 열심히 만년필에 관한 정보를 수집하고 사용해 보면서 자기만의 컬렉션을 완성해 갔다.

"남편은 10년 넘게 만년필을 사용했어요. 남편은 무엇이든지 한번 꽂히면 모르는 게 없었어요. 만년필에 대한 자료를 찾고 공부해서 자기가 마음에 드는 걸 사면 참 소중하게 다뤘어요. 잉크도 비교하고, 만년필의 촉이 지저분해지거나 잘못 쓰면 오래 사용하지 못하니 세면대에서 물로 세척해 깨끗하게 정리했어요."

만년필은 사용과 관리에 손이 많이 간다. 그는 만년필뿐만 아니라 이렇게 세심한 관리가 필요하고 사용하기에 조금 불편한 것들, 흔히 아날로그적인 것들을 선호했다. 그가 만년필촉을 세척한 뒤 잉크 방울이 튄 세면대를 본 아내는 '굳이 만년필을 또 사야 하나?' 싶다가도 '병원에서 힘들었으니, 저런 것들이 스트레스를 해소하는 돌파구가 되나 보다.' 하고 넘어가곤 했다. 눈치를 주기라도 하면 그는 단골 레퍼토리를 시작했다.

"아니, 내가 술을 마시나, 골프를 하나. 명품 옷이나 신발 하나 없는데."

이렇게 말하면서도 그는 새 물건을 구매할 때마다 아내에게 허락을 구했다.

"나 이거 사도 돼?"

"안 되는데……."

"그래, 안 된다고 할 줄 알았어."

아들들은 그런 아버지를 보면서 생각했다.

'아빠는 몰래 사면 될 텐데, 왜 엄마에게 다 물어보시지?'

때로는 아내 몰래 물건을 사기도 했다. 그가 일기장에 쓴 글을 조카가 발견했다.

"만년필에 관한 내용은 정명(아내)이가 굳이 알 필요가 없으니, 영어로 쓰는 것이 좋겠다."

이 글을 본 아내는 웃을 수밖에 없었다.

만년필은 종이의 질에 따라 필기감이 좌우된다. 잉크가 쉽게 번지는 종이에 쓰면 글자 모양이 제대로 보이지 않고, 표면이 거친 종이에 쓰면 만년필촉이 쉽게 상한다. 이런 이유로 만년필 사용자들 사이에서 종이의 질은 아주 중요하다. 무언가에 빠지면 모르는 것이 없는 그가 이 사실을 놓칠 리 없었다.

"만년필을 쓰다 보면 잉크가 빠르게 흘러서 그런지 펜촉이 굵지 않아도 두껍게 써지는 경우가 있어. 이러니 종이에 따라 사용하는 만년필이 다를 수밖에 없어."

그는 만년필로 성경이나 주일예배 찬양대에서 부르는 입례송 혹은 찬송가를 필사하기도 했다.

주의 친절한 팔에 안기세

우리 맘이 평안하리니

항상 기쁘고 복이 되겠네

영원하신 팔에 안기세

주의 팔에 그 크신 팔에 안기세

주의 팔에 영원하신 팔에 안기세

주석중의 서재 책상 위에는 그의 손길을 그리워하는 만년필 일곱 자루가 나란히 누워 있다.

문학
소년

"많은 가정이 큰 방을 침실로 사용하는데, 우리 집은 제일 큰 방을 서재로 사용하고 작은 방을 침실로 써요. 남편은 자기만의 서재를 갖는 것이 로망이었어요. 처음으로 집을 사서 이사 오면서 그 꿈을 이뤘죠."

그는 문학을 사랑한 독서가이자 장서가였다. 그는 서재 벽면에 책장을 짜서 넣고, 책장을 바라보는 위치에 책상을 놓았다. 책상 바로 앞에는 1인용 소파와 스툴을 놓고, 주광색이 아닌 전구색으로 서재 조명등을 설치했다. 아내는 굳이 있던 등을 떼고 그가 직접 설치한 빈티지 조명을 바라보며 한마디 했다.

"패밀리 레스토랑도 아니고, 조명이 어둡지 않아요?"

"이게 분위기가 좋아."

온전히 그의 취향대로 꾸민 서재는 그가 즐겨 읽고 좋아하는 고전 소설과 현대 소설로 채워졌다. 그가 소장한 책 중 다수가 마치 중

세 시대 도서관에서나 볼 것 같은 가죽 양장본이었다. 그중에는 양피지 커버로 된 성경도 있다. 모두 해외 직구를 통해 구매한 것이다.

"남편이 매달 두 권씩 해외 직구로 사서 모은 것들이에요. 십수 년이 지나니 책장이 거의 채워졌네요. 포장도 뜯지 않고 보관하는 건 저자 친필 사인이 있다며 아꼈던 책이에요. 퇴직하면 저 책을 한 권씩 다시 읽는 게 꿈이라고 했어요."

이 책들을 얼마나 소중히 다뤘는지, 이사할 때도 직접 책을 상자에 곱게 담았다. 그는 책에 밑줄이나 메모조차 하지 않고 깨끗하게 보는 성향이었다.

"교과서를 깨끗하게 쓰려고 표지를 투명 비닐로 싸곤 하잖아요. 남편은 소설책도 싸서 봤어요. 그렇게 책을 아꼈어요."

이토록 책을 사랑했던 그는 자녀들에게도 책을 권했다.

"큰아이에게 제일 많이 책을 읽어 줬어요. 큰아이는 낮잠 잘 때 책을 대여섯 권씩 읽어 주어야 잠을 잤거든요."

어느 날, 큰아들은 아버지의 서재에 들어갔다가 책상 위에 놓인 제인 오스틴의 『오만과 편견』을 보았다. 아버지는 아들을 바라보며 넌지시 말했다.

"너도 한번 읽어 봐."

아내는 남편이 추천해 주었던 존 스타인벡의 『분노의 포도』를 기억하고 있다.

"이 책 정말 좋았어."

이모부의 말을 옆에서 듣던 조카가 자기가 먼저 읽겠다고 하자, 그는 빌려주면서 한마디 덧붙였다.

"그거 꼭 돌려줘야 해."

막내아들은 아버지의 추천 도서 중 『모비딕』과 『위대한 개츠비』를 꼽았다.

"아빠가 고등학교 때 읽으신 책이라며 추천하셨어요."

그는 특별히 문학을 사랑했다. 그는 『허클베리 핀』, 『전쟁과 평화』, 『두 도시 이야기』, 『위대한 개츠비』를 일반 제본과 양장본 두 가지 버전으로 소장했다. 특별히 좋아하는 책은 양장본으로도 소장하고 싶었던 것 같다. 오 헨리, 마크 트웨인, 나다니엘 호손, 허먼 멜빌, 프란츠 카프카, 안톤 체호프 단편소설집은 전집으로 구매했다. 그는 2000년대 미국 소설가들의 저자 친필 사인본을 애지중지했다. 기원전 네안데르탈인 소녀 이야기, 열두 살짜리 천재 백만장자 아이의 범죄 이야기 등 그 소재가 다양하다.

그의 서재에서 문학 작품 외에 눈길을 끄는 것은 전쟁역사서 및 병법서이다. 동양고전인 『손자병법』을 시작으로 전쟁 전략서로 유명한 *Strategy*, 나폴레옹의 전쟁술을 담은 *The Military Maxims of Napoleon*을 비롯하여 *The War With Hannibal, A Military History of the western world 1~3*과 같은 군사 역사가들이 쓴 다양한 전쟁역사서와 *Combat Leader's Field Guide* 같은 실전 군사 기술서까지 모았다. 1차 세계대전 역사를 담은 *The Guns of August*, 드와이트 아이젠하워가 쓴

2차 세계대전에 관한 *Crusade in Europe*, 아랍과 이스라엘 전쟁을 다룬 *Six Days of War*, 특히 *The Naval War of 1812, Saratoga, The Personal Memoirs of U. S. Grant*와 같이 미국의 전쟁에 관한 책도 있다. 현대의 고전이라 불리거나 퓰리처상 수상작 또는 리뷰가 좋은 책들인데, 이것들 역시 가죽 양장본으로 소장했다.

왜 전쟁 관련 책들일까? 그가 매일 일하는 병원과 수술실이 바로 피 튀기는 전투 현장이었기 때문이 아닐까. 그래서 전투 현장에서 가져야 할 전략과 태도, 장수의 리더십에서 영감을 얻으려고 한 것은 아닐지 짐작해 본다. 그의 일기를 보면 전투를 앞둔 장군의 '비장함'이 연상된다.

> 주 예수님, 저는 오늘도 다시 전쟁터로 나갑니다. 저는 사람을 믿는 대신 주님을 믿고, 오직 주님만을 신뢰하겠습니다. 어떤 결과든, 그것이 고통스럽든 그렇지 않든 모든 것이 주님의 뜻대로 될 것을 믿고 모든 것에 순종하겠습니다.

그의 서재에 가득한 문학과 역사, 특별히 전쟁사와 확연히 구별되는 책이 한 권 있다. 노벨평화상을 수상한 데스몬드 투투 대주교와 그의 딸인 성공회 사제 음포 투투가 함께 쓴 『선하게 태어난 우리』라는 책이다. 차례를 보면 그가 평소 자주 고민했던 주제와 연관됨을 알 수 있다. '선함이 일으키는 변화', '선택의 자유', '우리가 고통받을 때 하나님은 어디에 계시는가', '우리가 넘어질 때 하나님은 어디에 계시는가', '선으로 돌아가는 길' 등은 그의 일기와 기도문에 끊임없이 등장하는 주제이다.

그는 성경을 가까이 두고 매일 읽었다. 손때가 많이 탄 NTL 역본 외에도 NIV, ESV와 같은 다양한 역본도 함께 읽었다. 한번은 일러스트와 지도, 해설이 함께 수록된 가죽 제본 성경을 주문하고, 큰형에게 양피지 표지를 자랑하기도 했다.

그는 막내아들에게 왜 책을 읽어야 하는지에 대해 이렇게 조언하곤 했다.

"도영아, 다양한 내용을 접하기 위해 신문, 인터넷, 책을 많이 읽고, 너의 생각과 인생철학을 갖도록 해야 해. 남이 너를 넘어뜨릴 수 없는 가장 큰 무기는 네가 가지고 있는 지식이야. 너의 지식을 기반으로, 논리적으로 방어하면 아무도 너를 이길 수 없어. 그러니 자꾸 읽고 또 읽어서 네 머리를 채워야 해."

자신만의 철학을 가지고 인생을 살기 위해서, 대적하는 자들을 향해 지식이라는 무기를 사용하기 위해서 그는 읽고 또 읽었다.

즐거운
식탁

"이모부는 어린 시절을 북미에서 보내서인지 아침을 브런치 스타일로 드시는 것을 좋아하셨어요. 치즈가 많이 들어가는 미국식 요리와 빵도 좋아하셨고, 직접 만들기도 하셨어요."

그는 식빵에 이스트를 넣어 발효하고, 베이글과 프레즐, 머핀 등을 만들어 이웃과 나눠 먹었다. 그는 빵이 발효되는 모습을 보며 무척 신기해했다. 형님 집에 가는 날이면 아침 일찍 머핀을 만들어 나눠 먹기도 했다.

"코코넛 머핀, 옥수수 머핀, 블루베리 머핀이에요."

흡사 과학자가 실험하듯 그는 재료 비율을 조금씩 다르게 해 보고 결과가 무엇이 다른지 비교하기도 했다. 베이킹은 계량이 매우 중요하다. 게다가 백색 가루로 된 재료들이 많아서 헷갈리기 쉬워 더욱 주의가 필요했는데, 그는 이 모든 과정을 즐겼다.

"이게 좀 필요할 것 같고, 이것도 해야 하고."

"재료는 이렇게 한번 해 볼까."

그는 힘들게 일하고 와서 자거나 쉬기 바쁜 여느 아버지와 달랐다. 가족들이 자신이 만든 것을 맛있게 먹으면 그는 아이처럼 기뻐하고 뿌듯해했다.

"이모부, 오늘 구워 주신 빵 맛있어요."

"맛있어? 더 해 줄게."

"특히 베이글이 정말 맛있었어요."

"그래? 더 좋은 오븐이 있으면 다른 빵도 만들 수 있는데……."

베이킹을 위해 더 좋은 오븐을 사 달라는 뜻을 은근슬쩍 아내에게 비춰 보지만, 아내는 남편의 새로운 취미 덕분에 일이 늘었다.

"주방일을 많이 하다 보면 같은 일을 해도 과정을 줄이는 법을 알게 되는데, 남편은 뭘 하나 만들어도 곧이곧대로 단계를 다 밟았어요. 끝나면 집이 난리가 났죠. 남편이 설거지한다는데, 제 마음에 안 들어서 아예 안 시켰어요."

말은 이렇게 하지만 아내는 남편이 만든 결과들을 정성스럽게 사진 찍어 아이들에게 보내고, 가족들이나 친우들과 맛있게 나눠 먹었다.

주석중은 가족과 자주 여행을 가지 못했다. 주말에 근교로 여행을 가더라도 응급 호출을 받고 올라와야 했다. 상황이 이렇다 보니 집 앞 고깃집에서 외식하거나 퇴근 후 치킨을 배달해 먹곤 했다. 그러나 가족과 함께라면 이 소소한 일들마저도 즐겁고 소중했다.

하루는 그가 세 아들에게 조금은 의아한 메시지를 보냈다.

"과거를 회상하면서 우리 가족이 즐거웠거나 암울했던 시간 그리고 추억을 잘 정리해서 최소 열 가지씩 올려 줘. 아빠가 너희에게 좋은 기억으로만 남아 있지 않을 수도 있겠지만, 이렇게 하는 이유는 우리 가정의 사랑을 더 굳건하게 하기 위함이니 잘 정리해서 솔직하게 올려 줘. 아빠는 다 받아들일게. 너희와 함께할 시간이 아직 남아 있을 때 더 많은 사랑을 보여주고 싶은 마음에서 하는 거야. 아빠에게는 너희의 솔직한 답변이 필요해."

그는 아버지로서 자녀들과 떨어져 지낸 시간이 많았기에, 자녀들의 솔직한 생각을 듣고 가족을 위해 더욱 노력하겠다는 마음으로 메시지를 보냈다. 여기에 세 아들은 과거를 회상하며 답했다. 대부분 아들들의 기억에 남아 있는 일은 '즐겁게 함께 먹었던 것'이었다. 아들들은 서로 같은 추억에 대해 말하기도 했다.

첫째 아들, 현영
- 나와 소영이가 음성에 있을 때, 주말에 우리를 보러 내려오신 아빠, 엄마와 읍내 식당에서 다 같이 삼겹살과 돼지고기 짜글이를 해치웠던 기억
- 소영이가 군대에 있을 때 다 같이 부산 국제시장에 가서 떡볶이와 숯불갈비를 먹고, 영화도 보고, 만두도 두 박스씩 샀던 기억

둘째 아들, 소영

- 아빠가 군대에 면회 오실 때마다 어묵이나 빵 같은 간식을 "소영이 생각나서 사 왔어."라고 하시며 건네주신 기억
- 가족끼리 장 보고 집에 오는 길, 아버지의 선두하에 차에서 빵이나 간식거리를 한 입씩 꺼내 먹은 기억(희한하게 아빠와 같이 먹으면 평소보다 더 맛있게 느껴지는 음식)
- 아빠가 저녁을 드시지 못한 채 집에 오시면, 치킨을 넉넉히 시켜서 온 가족이 함께 먹었던 기억

셋째 아들, 도영

- 스키장에 갔을 때 응급수술이 생긴 아빠를 태워 드리기 위해 엄마가 서울까지 가신 사이, 형들과 떡볶이를 먹으며 엄마를 기다린 날
- 휴스턴에 가서 즐겁게 지낸 시절(한인 마트에서 바닷가재를 사 와서 쪄 먹은 날)
- 큰형이 군대에 있을 때 다 같이 그늘에서 엄마의 도시락을 먹은 날
- 우리 가족이 치킨 두 마리를 해치우고도 부족해서 아쉬워한 날
- 우리 가족이 보은에 내려갔을 때 지수 아주머니에게 신세 지면서 배부르게 먹은 날들

아내는 즐겁게 함께 먹었던 가족의 추억을 두고 이렇게 말했다.
"남자아이들이라 그런지 정말 잘 먹고, 또 먹는 것을 좋아했어

요. 남편도 비슷해요. 막내아들 생일 카드에 '도영이는 아빠가 제일 좋아하는 음식'이라고 표현할 정도예요. 그만큼 우리 집은 먹는 데 진심입니다."

먹는 데 진심인 분위기로 인해 주 교수의 체중감량 계획은 더디게 진행됐다.

실망스럽게도 휴스턴에서 돌아온 이후로 다시 체중이 느는 듯한 불길한 느낌이 든다. 체중계에 올라서지 않았지만, 얼굴이 다시 커지기 시작하고, 그나마 서서히 드러났던 목선이 빠르게 사라지고 있다. 내일부터 다시 음식량을 줄이고 음식을 좀 더 식별하면서 먹어야겠다.

남모르게 노력하는 그에게 조카가 "이모부, 살 좀 빠지신 것 같은데요."라고 하면, 그는 환하게 웃었다.

함께한
일상

둘째 아들이 기억하는 아버지는 "어떻게 하면 우리 가족이 행복할까? 좋은 추억을 만들까?"를 고민하고 노력하는 사람이었다.

"아버지는 밤낮으로 바쁘신 중에도 저희와 함께 시간을 보내지 못한 것이 미안하셨는지, 잠깐이라도 시간이 생기면 늘 집에서 저희와 시간을 보내셨어요. 당직이 없는 날이면 어김없이 집에서 함께 식사하셨고, 장난감 자동차를 조립해 주기도 하셨어요. 장난도 잘 치시고, 종종 저희와 한강에서 자전거를 타기도 하셨죠. 아버지와 함께했던 추억은 대단한 이벤트가 아닌 소소한 일상이었어요."

세 아들은 아버지의 추억 설문 조사에서 '소소한 일상'에서 쌓은 이야기를 꺼냈다.

첫째 아들, 현영
-가을날 수북하게 쌓인 낙엽 위에서 손잡은 소영이와 나를 찍는 아

빠의 모습
　-입소 날 연병장에서 나를 보내고 뒤돌아 눈물을 훔치는 아빠의 모습

둘째 아들, 소영
-아빠와 영어 공부를 할 때 내가 졸음이 밀려와 하품하면 손가락을 입에 넣으며 장난을 치셨던 것
-다이어트를 위해 아빠와 아차산에 등산 다녔던 것
-외식하고 집에 가는 길, 걷기 싫어했던 나에게 아이스크림으로 동기 부여하신 아빠

셋째 아들, 도영
-아빠와 둘이 자전거 타면서 이런저런 이야기한 날들
-나른한 주말 오후, 다 같이 거실에서 속옷 바람으로 텔레비전 보던 시간
-휴스턴에서의 한 달 동안 가족끼리 함께 보냈던 행복한 시간
-쇼핑몰에서 아빠는 벤치에서 쉬시고 나머지 가족은 아빠 카드로 열심히 쇼핑한 날

　첫째는 아버지와의 추억을 회상하며 유년 시절을 떠올렸다.
　"어린 시절, 하루 중 가장 기다리던 때는 바로 아빠의 퇴근 시간이었어요. 현관문이 열리는 소리가 나면 제일 먼저 달려가 아빠 품

에 안겼어요. 저를 끌어안은 아빠 손에는 커다란 비닐봉지가 들려 있었어요. 까슬까슬한 아빠 뺨에 입맞춤하고 설레는 마음으로 비닐봉지를 열어 보면 제가 제일 좋아하던 캐릭터 장난감이나, D사 영화 주인공 피규어, 당시 유행하던 팽이 장난감 세트가 포장되어 있었어요. 선물을 확인하고 들떠서 장난감에 대해 조잘조잘 이야기하는 저를, 미소를 지으며 바라보시던 아빠가 선명하게 기억나요. 한동안 아빠는 매일 퇴근길에 아파트 상가 문방구에 들러서 장난감을 사 오셨어요. 어릴 때는 그저 선물 받는 게 좋았는데, 나중에 베란다에 쌓인 장난감 박스를 정리하면서 아빠의 사랑이 가장 큰 선물이었음을 깨달았어요."

첫째와 둘째 아들이 태어났을 때는 그가 의사로서의 미래를 준비하며 한창 일하던 시기였다. 막내아들이 태어났을 때도 여전했지만, 직장에서 안정된 상태였기에 막내아들과 함께하는 시간적 여유를 누리며 아이의 귀여운 어린 시절을 좀 더 만끽할 수 있었다.

"형들이 혼나는 건 몇 번 본 적 있는데 저는 사실 크게 혼난 기억이 없어요. 잘못된 행동을 하거나 고민이 있을 때 단호하게 말씀하신 적은 있지만요. 제가 말을 잘 들어서 그랬다는 건 아니고 막내라 귀여워해 주시고 예뻐하셨던 것 같아요. 안 좋은 말로 오냐오냐하셨을 수도 있겠지요. 저는 형들과 싸울 일이 거의 없었지만, 나이 터울이 얼마 지지 않는 형들끼리 싸울 때면 큰형을 혼내셨어요."

아들이 둘만 되어도 엄마가 깡패가 된다는 우스갯말이 있다. 일반적으로 남자아이들은 활동량이 많고, 조심성이 적어서 엄마가 큰 소리를 내는 일이 잦다. 게다가 나이 터울이 얼마 지지 않는 남자아이들이라면 다투는 일이 일상이다.

"형들이 다투면 둘을 불러 놓고 두 입술 사이에 종이를 한 장 끼운 다음에 아빠가 싹 내려요. 그러면 강제로 뽀뽀하게 되잖아요. 서로 어이없어하며 웃다가 풀리곤 했어요."

이것은 주석중이 어린 시절 그의 아버지가 하셨던 방식을 따라 한 것이다. 주석중은 어린 시절, 해외에 살 때 주말마다 아버지가 운전하는 차를 타고 가족 여행을 갔던 즐거운 기억이 떠올랐는지, 미국에 있는 아이들에게 이렇게 말했다.

"아빠가 은퇴하면 엄마와 너희가 있는 곳으로 갈게. 가족 여행 가자."

막내와는 춘천 자전거 여행도 계획했다.

"아빠가 자전거를 타고 가시다가 사고를 당하셔서 솔직히 자전거는 이제 못 탈 것 같아요. 저는 아빠와 자전거를 정말 많이 탔거든요. 한강에 가서 이런저런 대화도 나누고요. 아빠와 춘천 자전거 여행 계획도 세웠었어요. 아빠가 '중간에 자전거 바퀴가 터질 수 있으니 미리 준비해야 한다, 어디쯤에서 멈춰서 밥 먹자.'고 하시며 계획을 다 세우셨는데, 가지 못해서 아쉬워요."

선율이 흐르는 인생

큰형은 막냇동생의 남달랐던 음악 재능을 기억한다.

"석중이는 성격이 유별난 데 없이 평범한 막내아들이었어요. 남들과 좀 다르다면 음악에 소질이 있었어요. 정식으로 피아노나 기타를 배우지 않았지만, 음악을 몇 번 듣고 따라 할 수 있을 정도였어요."

팝송을 좋아한 그는 그중에서도 미국의 전설적인 포크록(folk rock) 그룹, 사이먼 앤 가펑클(Simon And Garfunkel)을 좋아했다. 폴 사이먼(Paul Simon)이 쓴 시적인 가사가 너무 아름다웠기 때문이다. 밴드의 히트곡 중 하나인 "Bridge Over Troubled Water"는 우리나라에서 "험한 세상의 다리가 되어"라는 제목으로 번안되어 엄청난 인기를 끌었다.

> When you're weary, feeling small
> When tears are in your eyes, I will dry them all, all

I'm on your side, oh, When times get rough

And friends just can't be found

Like a bridge over troubled water

I will lay me down

당신이 지치고 작게만 느껴질 때

당신의 눈에 눈물이 고일 때

내가 그 눈물을 닦아 줄게요

나는 당신 편이에요

힘든 시간이 다가오고

친구를 찾을 수 없을 때

험한 물살 위에 놓인 다리처럼

내가 다리가 되어 드릴게요

그는 미국의 가수이자 인권 운동가요 반전 평화 운동가였던 조안 바에즈도 좋아했다. 홍콩에서 고등학교에 다니던 시절, 그는 밴드의 전자기타리스트였다. 하지만 주석중이 밴드 활동에 빠져서 공부를 소홀히 할 것을 염려한 아버지의 만류로 계속하지는 못했다고 한다. 이후 대학 시절 통기타를 연주하는 그의 사진을 통해 그가 기타에 대한 애정을 놓지 않았음을 볼 수 있다. 최근 그가 열정을 가지고 연주한 악기는 클래식 기타였다. 그는 학회 기간, 연습을 못 해 손가락 끝 굳은살이 없어질까 염려하기도 했다.

"겨우 딴딴하게 해 놨는데……. 없어지면 안 되는데……."

본격적으로 클래식 기타 레슨을 받고 싶었던 그는 집에서 가까운 교습소 두 군데를 찾아 아내에게 말했다.

"우리 같이 클래식 기타 배워 보자."

"나는 별로 관심 없는데……. 너무 어려울 것 같아."

결국 교습을 포기한 그는 혼자 인터넷 동영상을 보면서 열심히 연습했다. 곡을 완성한 후에는 군대에 있는 아들에게 전화를 걸어 그 실력을 자랑했다.

"도영아, 아빠가 이번에 완성한 곡이야. 한번 들어 봐."

"오! 좋은데요!"

제대로 된 악보도, 가르쳐 주는 이도 없이 누군가 클래식 기타를 치는 모습을 보고 따라 하는 그의 열정은 대단했다. 그는 간간이 혼잣말하곤 했다.

"스페인에 가서 세고비아 기타를 사야 하는데……."

스페인 출신의 세고비아(Andrés Segovia Torres)는 불세출의 클래식 기타 연주자로, 술집이나 거리에서 연주되던 기타를 클래식의 반열에 올려놓은 사람이다. 여느 악기가 그렇듯이 클래식 기타 또한 명장이 만든 것은 소리가 다르다. 무엇에든 한 번 빠지면 파고드는 사람, 빈티지 만년필과 이안반사식 카메라, 양피지 책까지 찾아낸 그였으니 스페인 기타 상점도 이미 물색해 놓았는지 모른다.

그는 주님의교회 1부 찬양대에서도 활동했다. 막내아들을 중학교 2학년 때 미국으로 보내고 시간의 여유가 생긴 아내는 교회 권사님의 권유로 찬양대에 들어갔다. 아내는 혼자 교회에 오는 남편이 신경 쓰여 주석중에게 찬양대를 같이 하자고 권유했다.

"찬양대에 한 번만 같이 가요."

그는 아내의 부탁에 마지못해 나섰지만, 막상 해 보니 좋았던 모양이다.

"남편은 저보다 더 열심히 찬양을 연습했어요. 하루는 새벽에 연습하길래 제가 '아랫집에 다 들리겠다.'라며 한마디 했죠. 남편은 처음에는 베이스 파트였다가 나중에 테너 파트로 바꿨어요."

무엇이든 한번 시작하면 최선을 다하는 그의 진심이 좋아하는 음악을 만나자 더욱 빛을 발했다.

투명한
진심

"아버지께서는 늘 저희에게 거짓말하지 말라고 하셨어요. 어린 시절 잘못을 숨기려고 거짓말을 하면 크게 꾸짖으셨어요."

그의 일기에는 자녀들을 어릴 때 기숙학교에 보내 가정교육을 많이 하지 못한 것이 아쉽다고 쓰여 있지만, 아들들은 아버지가 무엇을 강조하셨는지 확실히 기억하고 있다.

"절대 거짓말하지 말라고 하셨어요. '목에 칼이 들어오는 순간에도 거짓말하지 마라. 한 번 거짓말을 시작하면 그 거짓말을 덮기 위해 또 다른 거짓을 만들게 되고, 결국 작은 거짓말이 언덕 아래로 굴러가는 눈덩이처럼 걷잡을 수 없이 커져서 크게 다치게 된다. 시간이 오래 걸리더라도 다른 사람의 눈을 속이는 편법을 피하고 진실하게 살아야 한다.'고요."

주석중의 어머니가 "석중이는 혼날 일을 안 해."라고 할 만큼 모범적이었던 그가 유일하게 어머니께 혼났던 일이 있다. 그가 고등학생 때의 일이다. 그는 둘째 형과 함께 부모님 몰래 강원도 강릉 주문진에 가서 바람을 쐬고 왔다. 형은 동생의 입을 철저하게 단속한 후, 태연하게 현관문을 열고 들어오면서 어머니에게 말했다.

"친구들 만나고 왔어요."

뒤따라 들어오던 동생이 어머니에게 말했다.

"엄마, 역시 회는 주문진이 최고인 것 같아요!"

순간 '아차' 싶었던 그는 얼음이 되었고, 형은 사색이 되어 결국 모든 사실을 어머니께 털어놓은 뒤 크게 혼나는 것으로 마무리되었다. 큰형의 말처럼 그는 '얼마나 순수한지 그런 거짓말 하나도 제대로 못 하는' 정직한 사람이었다. 큰아들은 아버지의 장례식장에서 '남들에게 피해 주지 않고 자신의 길을 묵묵히 걸어간 아버지의 신념'이 틀리지 않았음을 확인했다.

"빈소에 오신 많은 분들이 아빠를 추억하면서 공통으로 하신 말씀이 있었어요. 아빠가 누구보다 바르고 정직한 사람이었다는 것입니다. 아빠가 저에게 말씀하시고 보여주신 대로 바르고 정직한 모습으로 주변에 선한 영향력을 끼치며 살아야겠다고 생각했어요."

그의 아내는 '투명함과 솔직함' 그리고 '모든 일과 관계에 진심으로 대한 것'이 남편의 가장 큰 특징이었다고 한다.

"30년 넘게 같이 살면서 남편이 사람을 대할 때 이 사람에게는 이렇고 저 사람에게는 저렇고, 다르게 대하는 모습을 한 번도 본 적이 없어요. 항상 투명하고 누구에게나 진심이었어요. 또 권위적이지 않고 따뜻한 사람이었어요."

막내아들도 아버지를 통해 인간관계에서 가장 중요한 것이 무엇인지 배웠다.

"저는 아들로서 사랑이 많은 아빠를 더 닮고 싶어요. 아빠의 지적인 면도 닮으면 좋겠지만 무엇보다 아빠가 사람을 대하시는 태도, 누구든 편견 없이 대하시는 점을 닮고 싶어요."

평소 주석중이 자주 이용하는 단골 고깃집, 세탁소, 미용실, 치킨집, 카메라 가게 사장님도 그를 추억하며 조문했다. 그가 "어디 불편한 데는 없으세요?"라고 안부를 물으면 이웃들은 간혹 그에게 궁금했던 것을 묻기도 했다. 그럴 때면 그는 항상 성심성의껏 답했다. 아내는 이렇게 말한다.

"어떤 때는 사람들이 저에게 부탁하는 때도 있었죠. 남편에게 물어봐 달라고요. 저는 남편이 바쁜 걸 아니까 조심스럽게 물어봤는데, 그때마다 항상 기꺼이 알아봐 줬어요. 남편이 싫어하면 저도 못하죠."

그는 누구든지 자신의 도움이 필요한 이웃이 있다면 지나치지 않았고, 늘 진심으로 대하는 사람이었다.

주는 것이
더 복되도다

주석중의 큰형은 동생이 어릴 때부터 다른 사람을 향한 마음 씀씀이가 달랐다고 한다.

"어릴 때 살던 동네에 좀 허름한 집에서 혼자 사는 할머니가 계셨어요. 석중이는 그 집을 지나갈 때마다 마음이 쓰인다고, 도와주고 싶다고 했어요. 물론 어린아이가 할 수 있는 일은 없었지만, 어려운 사람들을 보면 그냥 지나치지 못했어요."

2019년, 첫째 현영이의 대학 졸업식 참석을 위해 주석중의 가족은 미국 뉴욕에 방문했다. 호텔 근처에서 간단하게 아침을 먹고 뉴욕 관광을 하기 위해 소호로 가는 길이었다. 유니언 스퀘어 공원을 다 지났을 무렵, 가족들은 멍한 눈빛으로 허공을 바라보는 한 노숙자를 발견했다. 낡고 커다란 통조림 캔 안에는 동전 몇 개와 1달러 지폐 한두 장이 전부였다.

세상에서 제일 바쁘고 번잡한 도시 뉴욕에서 사람들은 모두 각자의 목적지를 향해 빠르게 움직였고, 그 노숙자는 누구의 눈길도 끌지 못했다. 가족이 공원을 지나쳐 건널목을 건너려는 순간, 주석중이 노숙자 앞으로 갔다.

"식사하셨어요?"

노숙자는 힘없이 고개를 가로저었다. 주석중은 노숙자와 함께 길 건너 햄버거 가게로 가서 그에게 햄버거 세트를 사 주고 나왔다. 햄버거 세트가 담긴 쟁반을 들고 연신 고맙다며 인사를 건네는 노숙자에게 주석중은 건강하게 잘 지내라는 인사를 전하고 발걸음을 돌렸다. 큰아들은 타지의 노숙자에게까지 이렇게 하는 이유가 무엇인지 궁금해서 물었다. 그러자 그가 대답했다.

"현영아, 저 사람은 오늘 하루를 잊지 못할 거야. 네가 매일 누리는 평범한 일상이 누군가에게는 당연하지 않을 수 있다는 사실을 잊지 말고, 늘 감사하게 생각하면서 베풀고 살아야 한다."

아버지가 보여준 행동과 말은 세 아들의 가슴에 깊이 남았다.

주석중이 병원 근처로 이사 오기 전의 일이다. 그의 집은 9층이었는데, 노숙자 행색을 한 남자가 집 앞에 서 있는 것을 아내가 발견했다. 전에 도둑이 한 번 들었던 적이 있어 (가져갈 게 없어서인지 도난당한 것은 없었다.) 아내는 겁이 나고 무서웠다. 그런데 잠시 후 남편이 집에 들어오면서 집 앞에 서 있던 남자 이야기를 꺼냈다.

"집 앞에 있던 사람이 정말 배고파 보여서 만둣집에 데리고 갔어. 먹는 거 다 보고 계산하고 왔어."

"혹시 위험할 수도 있는데 조심하지."

"응, 따뜻하게 먹으라고."

"그 사람이 어떤 사람인 줄 알고……."

"예수님이 우리 앞에 어떤 모습으로 나타나실지 모르니까."

한번은 길 가다 만난 노숙자에게 수중의 돈을 전부 꺼내 주기도 했다. 주석중의 일기에는 그가 다른 사람을 돕는 이유와 기쁨이 드러난다.

> 사랑의 예수님, 이 세상에 주께서 나에게 주시지 않은 것은 하나도 없습니다. 저는 조용히 계속해서 ○○을 도울 것입니다. 언젠가 제가 경제적 안정을 얻더라도 진심으로 그들을 도울 수 있는 용기를 갖도록 풍요와 복으로 저를 인도해 주세요. …… 예수님, 저는 날마다 힘을 얻습니다. 저는 그들이 하나님의 뜻 안에서 인생의 더 많은 열매를 얻기를 기도합니다. 또한 제가 나눔으로 주께서 저에게 더 많은 것을 부어 주실 것을 알기에, 나의 온 존재를 하나님의 뜻에 맡깁니다. 나의 주님이시며 구주이신 예수 그리스도의 이름으로 기도합니다. 아멘.

Glory, 영광

내가 의지할 분
기도의 삶
고통 속에서
더 깊은 곳으로
믿음과 구원
어머니에게 쓴 편지
건네지 못한 생일 카드
가장 크고 유일한 영광
평생 당신의 조연이 될게

내가
의지할 분

모든 것이 단순하게 잘 읽히게 하자. 이 말을 쓴 지 꽤 오랜 시간이 흘렀다. 아마 어른이 된 후로 처음인 것 같다. 하지만 최근에 내 인생을 돌아보면서, 그동안 일어난 일들을 글로 쓰고 싶은 충동을 느꼈다. 이는 발전적인 일이 될 것이다. 우리는 항상 과거로부터 배우지만 그 속에 살지는 말아야 한다. 절대로 늦지 않았다. 오늘, 바로 이 순간이 남은 인생의 시작이다.

주석중은 교수가 되고 난 후, 지금까지 살아온 삶을 돌아보며 자신이 경험한 일들을 남기고 싶어 했다. 과거를 돌아보면서 일이든, 관계든 삶을 통해 배운 것을 정리하고, 미래를 향한 발전적인 방향을 세우기 위해서다. 그는 그다음 페이지에 이렇게 썼다.

예수님, 칼럼 쓰는 것을 도와주세요.

그는 이어서 세 가지 성경 구절을 적었다.

"여호와께 피하는 것이 사람을 신뢰하는 것보다 나으며"(시 118:8).
"오직 나는 여호와를 우러러보며 나를 구원하시는 하나님을 바라보나니 나의 하나님이 나에게 귀를 기울이시리로다 나의 대적이여 나로 말미암아 기뻐하지 말지어다 나는 엎드러질지라도 일어날 것이요 어두운 데에 앉을지라도 여호와께서 나의 빛이 되실 것임이로다"(미 7:7-8).
"너희는 인생을 의지하지 말라 그의 호흡은 코에 있나니 셈할 가치가 어디 있느냐"(사 2:22).

그가 기록한 성경 구절의 의미는 "사람이 아닌 오직 하나님만 의지하라"이다. 이는 그가 수년간 기도할 때마다 빠뜨리지 않은 핵심 주제이다. 그는 인생에서 경험한 일들을 돌아보며 삶에서 하나님을 의지하는 길이 최선임을 생각하고, 깨달음을 정리해 놓았다.

나는 일찍이 깨달았다. 모든 것에 항복하고 하나님께 맡겨라. 이 험난한 세상을 헤쳐 나갈 때 인간에 불과한 내가 나에게 닥친 어려움을 하나님의 도움 없이 극복하겠다는 것은 너무나 큰 고달픔과 외로움을 자청하는 것과 같다.

살아 있으라! 살아 있기만 하면 된다. 마음속 가장 깊은 곳까지 자라 가라. 그러면 하나님과 우리 주 예수께서 당신과 함께하실 것이다. 그게 아니면 삶에서 일어나는 기적들과 우리를 둘러싼 사건을 어떻게 합리적으로 설명할 수 있단 말인가? 하나님의 능력을 의심하지 마라! 지구에는 수십억의 인간과 셀 수 없이 많은 생물이 살고 있는데, 하물며 우주는 어떻겠는가?

인간의 눈으로 바라볼 때 불가능해 보여도 인간의 잣대로 하나님 아버지의 능력을 평가하려 들지 마라. 과학적 지식 그리고 과학의 힘만으로는 하나님을 이해할 수 없다. 그러므로 마음속에 있는 의심을 버리고 하나님 앞에 모든 것을 내어놓은 채 오로지 믿고 따르라.

그분이 우리에게 인생에서 겪게 하시는 일들을 이해하려고 하지 마라. 모든 것에는 목적이 있고, 그 마지막에 무엇이 있는지는 오직 그분만 아신다. 하나님께서는 신비한 방식으로 일하시며, 왜 그분이 영원히 우리를 초월하시는 분인지 알려 주신다.

신성호 교수는 하나님을 향한 믿음을 경험하면서 주석중의 삶의 철학을 이해하게 되었다고 고백한다.

"흉부외과 의사로서 어려운 점은 죽음의 순간을 봐야 한다는 거예요. 아무리 최선을 다해도 예기치 못한 상황으로 허무하게 돌아가신 분도 계시고, 어떤 경우에는 도저히 희망이 없는데 살아나시기도 해요. 얼마 전에도 사망 확률이 70~80%인 환자의 수술 의뢰가 왔는데, 수술 후 살아났어요. 어떤 경우는 내 능력이 아닌 무언가가 있어요. 그래서 주 교수님은 항상 겸손하라고 말씀하셨어요. '내'가 아니라 '우리 팀'이 잘해서라고요. 저도 나이가 들면서 체력의 한계를 느껴요. 그럴수록 이 일은 나 혼자 이룰 수 없다는 것을 깨닫죠. 하나님이 함께하셔야지 초인적인 힘도 발휘되고, 다른 사람과 갈등이 생겨도 해결될 수 있는 것 같아요. 내가 한 게 아니라 하나님의 역사 안에서 이루어지는 것 같다고 하면 주 교수님이 좋아하셨어요. '네가 이제 조금 깨우치는구나.' 하시면서요."

아끼는 후배가 하는 믿음의 고백을 들은 그는 기분이 좋았다. 흉부외과 의사로서 자신의 삶을 돌아보면 온통 하나님의 능력을 의지하며 살아온 날들뿐이었다. 그는 자신의 힘으로 도저히 어찌할 수 없을 때마다 하나님께 기도했고, 그때마다 하나님의 일하심을 경험했다.

"내게 능력 주시는 자 안에서 내가 모든 것을 할 수 있느니라"(빌 4:13).

하나님 아버지, 저는 힘이 빠졌습니다. 나는 할 수 없습니다. 그러나 하나님의 말씀은 나에게 능력 주시는 그리스도 안에서 내가 모든 것을 할 수 있다고 하십니다. 육체적인 힘이 아닌 믿음의 힘을 주소서. 예수님을 믿는 믿음으로 산을 옮길 수도 있다고 하셨습니다. 내가 할 수 없다고 생각하는 일은 주님께 의지할 수 있도록 도와주소서. 아버지의 힘으로만 나를 지탱하게 해 주소서.

그는 인생의 모든 주권을 주님께 올려 드리는 기도를 멈추지 않았다.

사랑하는 예수님, 나의 모든 것, 내가 가진 모든 것, 내가 이 땅에서 성취할 수 있는 모든 것은 주님의 허락을 통해서임을 절대 잊지 않게 해 주소서. 그러니 선한 목자가 되어 주시어 교만하지 않게 지켜 주시고, 모든 영광을 진심으로 주님께 돌리고 감사할 수 있게 해 주소서.
"두려워하지 말라 내가 너와 함께함이라 놀라지 말라 나는 네 하나님이 됨이라 내가 너를 굳세게 하리라 참으로 너를 도와주리라 참으로 나의 의로운 오른손으로 너를 붙들리라"(사 41:10).
예수님, 내 앞의 환자들에게 선한 일을 하는 좋은 의사가 되게 해 주소서. 또한 오늘 해야 할 과제를 성공적으로 완수할 수 있는 지혜와 용기를 주소서.

기도의
삶

그의 하루는 기도로 시작해서 기도로 끝났다. 그가 남긴 기도문의 시작은 늘 주기도였다.

> 하늘에 계신 우리 아버지,
> 아버지의 이름을 거룩하게 하시며
> 아버지의 나라가 오게 하시며,
> 아버지의 뜻이 하늘에서와 같이
> 땅에서도 이루어지게 하소서.
> 오늘 우리에게 일용할 양식을 주시고,
> 우리가 우리에게 잘못한 사람을 용서하여 준 것같이
> 우리 죄를 용서하여 주시고,
> 우리를 시험에 빠지지 않게 하시고, 악에서 구하소서.
> 나라와 권능과 영광이 영원히 아버지의 것입니다. 아멘.

그리스도인에게 주기도는 특별한 의미가 있다. 그것은 바로 제자들이 예수님에게 기도를 가르쳐 달라고 했을 때, "너희는 이렇게 기도하라."고 하시면서 직접 알려 주신 기도의 모범답안이기 때문이다.

그는 하루를 시작하면서 주님이 가르쳐 주신 기도를 드리며, 자신의 삶을 통해 하나님의 나라가 이 땅에 임하기를, 자신의 모든 필요가 하나님의 뜻대로 채워지기를, 그리고 그가 용서와 사랑의 삶을 살 수 있기를 바라며 기도했다.

주기도에 이어서 그가 자주 기도한 기도문은 일명 '평온을 위한 기도'(Serenity Prayer)이다.

> Father, Grant me the serenity to accept the things I cannot change, the courage to change the things I can, and the wisdom to know the difference.

> 아버지, 내가 바꿀 수 없는 것을 받아들일 수 있는 평온함을, 내가 바꿔야 할 것을 바꾸는 용기를, 그리고 이 둘을 분별하는 지혜를 주소서.

짧지만 명료하면서도 부족함이 없는 이 기도문은 그의 기도 곳곳에서 발견된다. 그는 흉부외과 의사로서 자신이 내려야 하는 판단과 결정이 얼마나 중요한지 알았다. 수술할지 말지, 한다면 어떤 방법으로 할지, 예상되는 어려움을 어떻게 극복할지 등 그가 해야 하는 판단과 결정은 수없이 많았다. 그에게는 매일의 순간마다 하나님의 지혜가 필요했기에 그의 기도는 더욱더 간절했다.

사랑하는 예수님, 이 기도를 들으시고 도와주소서.
하나님, 제가 바꿀 수 없는 것들을 받아들일 수 있는 평온함을 주소서. 제가 할 수 있는 것을 바꾸는 용기, 그리고 저에게 그 차이를 알 수 있는 합당한 지혜를 주소서. 하나님을 향한 믿음으로 무장하여 제가 할 수 있는 일을 변화시키는 용기가 흔들리지 않게 해 주소서. 예수님, 제게 지혜를 주십시오. 어떤 상황에서도 주님의 뜻에 따라 의롭게 행하겠습니다. 나의 주님이시며 구원자이신 예수님의 이름으로 기도합니다. 아멘.

아버지, 제 기도를 들어주소서. 제가 무엇을 해야 할지 모르겠습니다. 그렇지만 오직 한 가지만을 구합니다. 하나님, 제가 바꿀 수 없는 것을 받아들이는 평온함과 제가 바꿀 수 있는 것을 바꾸는 용기, 그리고 그 차이를 분별할 수 있는 지혜를 주소서. 저는 제 삶의 현실을 받아들이고, 제 손으로 문제를 해결하려는 욕망에 눈멀지 않을 것입니다. 선한 방식에 따라 모든 것을 이끄시는 분은 오직 주님이십니다. 저는 그 결정에 의문을 제기하지 않을 것입니다. 오직 하나님의 뜻을 따르며 주어진 상황을 기꺼이 받아들이겠습니다. 우리 주 예수 그리스도의 이름으로 기도합니다. 아멘.

둘째 아들은 아버지의 삶을 통해 받은 유산이 하나님께 모든 것을 맡기고 기도해야 한다는 것이라고 말한다.

"아빠에게 하나님은 전부였던 것 같아요. 아빠는 하나님 아버지께 모든 것을 맡기셨어요. 가족, 직장, 환자, 모든 것을 위해 하나님께 기도하셨죠. 아빠는 예수님을 본받고 싶어 하셨어요. 예수님의 말씀대로 살아가려고 하셨거든요. 아빠가 추구하시는 것들이나 지금까지 살아오신 것을 보면 그렇게 느껴요. '하나님께 모든 것을 맡기고 기도하라.' 이것이 아빠가 저희에게 남기신 유산이라고 생각해요."

고통
속에서

2012년 4월, 그는 만년필을 꺼내 이렇게 적었다.

그 옛날의 꿈을 다 이룬 셈이다. 나는 지금 학생뿐 아니라 실습생, 레지던트 그리고 펠로우들을 가르치는 교수다. 이런 현실을 생각하면 내가 가진 지위와 특권에 보답해야 한다는 의무감을 느낀다. 그런데 나의 참모습은 어떠한가? 나는 과연 나의 자리에 만족하는가? 나는 이것들에 대해 감사하면서도 하루하루 나의 존재감을 입증시켜야 한다는 압박에 시달리기도 한다. 남이 무언가 잘해서 앞서나가는 것 같으면 나와 비교되지 않을까 걱정하고, 반면에 내가 어려운 수술을 연속적으로 성공하면 어디선가 견제가 날아오는 것 같아서 나를 방어해야 한다는 생각에 시달리는 일상의 연속이다. 이런 것들이 내가 가진 많은 것들에 대하여 기뻐하며 감사할 겨를을 주지 않는다.

그는 의사이자 교수로서 자신의 꿈을 이루었다. 하지만 그것이 끝이 아니었다. 이 글을 쓰고 10여 년이 흐른 뒤, 그는 자기 분야에서 최고라고 인정받았음에도 여전히 고통스러운 삶의 단면과 마주했다.

주님, 제가 흉부외과 의사로서 눈에 보이지 않는 주님의 손길을 따라 할 수 있는 모든 것을 다 했음을 보셨습니다. 주님께서 저와 함께하셔서 환자를 안전하게 수술실에서 나오게 하실 것과 수술실에 있는 이들을 도우셔서 모든 일이 잘될 것이라는 절대적인 믿음과 확신 가운데 수술을 계속했습니다. 제가 환자를 수술하는 데 이런 믿음을 가지는 것이 잘못인가요? 저의 주인이신 예수 그리스도와 하늘에 계신 아버지께 모든 영광을 돌리기 위해 제가 무엇을 할 수 있을까요?

예수님, 저는 아버지께 기도할 것이 이토록 많음을 미처 깨닫지 못했습니다. 저는 하나님께서 어떻게 일하실지 궁금했습니다. 그러나 지금은 기도할 것이 너무 많기에, 끊임없이 기도해야 함을 깨달았습니다. 아버지, 당신의 종으로서 아버지께서 기뻐하시는 삶을 살아갈 수 있도록 저를 이끌어 주시고 평안과 힘을 주소서.

때로는 그도 고통스러웠다. 자신이 그토록 좋아하던 일에서 점점 기쁨을 잃기도 했다. 이모부를 떠나보낸 후, 그의 컴퓨터에 저장

된 기도문을 열어 본 조카는 눈물을 흘렸다.

"우리에게 보여주거나 말하지 않고, 혼자 힘들어하셨을 이모부의 모습이 상상돼서 눈물이 났어요."

전 대한의사협회 회장이자 주석중의 대학 선배인 노환규 교수의 말처럼, 주석중은 "'탁월하고 훌륭한'이란 표현으로는 부족한 대체 불가능한 '인재 중의 인재'"였다. 그는 순수한 학문적 열정에서 나오는 혁신적이고 창의적인 아이디어로 연구하고, 논문을 쓰고, 새로운 수술법을 도입했다. 간호사들의 말에 따르면 수술 도구도 가장 많은 의사였다고 한다.

그는 환자들을 위해 간절히 기도했다.

> 제가 환자의 치료에 새롭게 도입하는 도구나 방법이 하나님의 뜻 안에 있기를 간절히 기도합니다. 제가 시도하는 것이 저에게 맡겨진 환자들뿐 아니라 비슷한 질환을 가진 모든 환자에게 도움이 되기를 원합니다. 하나님께서도 만족하실 만한 결과로 저를 인도해 주십시오. 주님, 이 환자들이 건강을 회복하도록 도와주시고, 무엇보다 뇌졸중이나 하반신마비로 고통받지 않게 해 주십시오.

기도하며 자신의 일을 위해 부단히 노력한 결과, 주석중은 기존의 수술법을 보완하거나 혁신하는 새로운 아이디어를 끊임없이 내놓았다. 신성호 교수는 주석중이 일본에서 발표된 수술법을 보완해

국내에서 발표했던 때를 기억한다.

"일반적으로 동양인이 서양인보다 동맥경화가 심해서 수술 후 뇌졸중, 색전증이 생길 확률이 다른 인종보다 높은데, 이 확률을 낮출 수 있는 방법을 주 교수님이 보완하셨어요. 독자적인 것은 아니지만, 일본에서 발표된 것을 참조해서 교수님이 국내 스타일로 바꿔서 수술법을 발표하시며 굉장히 기뻐하셨어요."

『서울아산병원 뉴스매거진』 인터뷰를 보면, 주 교수가 2013년에는 수술로 치료할 수 있는 대동맥 박리이지만 상황에 따라서는 약물치료가 더 효과적일 수 있다는 연구 결과를 발표했고, 2014년에는 관상동맥우회술(관상동맥이 막혔을 때 혈관과 혈관 사이 육교 역할을 하는 혈관을 이어 붙여서 심장 근육에 혈액 공급을 원활하게 해주는 수술)에서 체외순환기를 사용하는 것이 무심폐기 수술보다 생존율이 높다는 것을 밝혀냈다.

이러한 모든 것이 환자를 위하고, 나아가 대한민국 의료 수준을 높이기 위한 주석중의 끈질긴 노력의 결과였다. 하지만 환자의 사망률을 두고 그의 수술 방법에 이의를 제기하는 의견도 있었다. 그때마다 그는 자신이 선택한 방식이 왜 최선이었는지 증명하기 위해 다시 밤을 새워 논문과 자료들을 정리해야 했다. 그가 기도해야 할 일은 더 늘어났다.

하나님 아버지, 저는 수술마다 스스로를 증명해야 합니다. 하지만 무슨 일이든 하나님의 계획 안에 있기에, 나를 변호해야 한다는 생각마저 내려놓겠습니다. 걱정하거나 불안해하지 않겠습니다.

그저 하나님께서 저를 인도하시고, 무슨 일이 일어나든 하나님의 뜻이 이루어짐을 믿으며 마음으로 평안함을 받아들이겠습니다. 하나님이 나의 증인이시고, 항상 함께하심을 믿습니다. 구약성경의 의로운 사람들이 막강한 적들에게 둘러싸여 있을 때 하나님의 은혜로 승리한 것처럼, 저도 승리할 수 있도록 도와주옵소서. 할렐루야! 주께서 저를 이끄시는 이 과정에는 목적이 있을 것입니다. 제가 의술을 바르게 실천할 수 있게 해 주십시오. 우리 주 예수 그리스도의 이름으로 기도합니다. 아멘.

그의 기도에는 어떠한 고난이 있더라도 최후 승리를 믿으며 자신의 길을 묵묵히 걸어가겠다는 다짐이 잘 나타나 있다. 그는 아들들에게 보낸 메시지를 통해 이렇게 고백한다.

모든 것에는 목적이 있고, 그 마지막에 무엇이 있는지는 오직 하나님만 아신다. 하나님께서는 신비한 방식으로 일하시며, 왜 영원히 우리를 초월하시는 분인지 알려 주신다.

악한 자들이 벌을 받기는커녕 대를 이어 잘살고, 의인은 고난을 받는 것처럼 느껴질 때면 세상이 불공평해 보인다. 예수님은 세상이 추구하는 가치를 거절한 자들이 당할 고난을 미리 말씀하셨다.

"세상이 너희를 미워하면 너희보다 먼저 나를 미워한 줄을 알라 너희가 세상에 속하였으면 세상이 자기의 것을 사랑할 것이나 너희는 세상에 속한 자가 아니요 도리어 내가 너희를 세상에서 택하였기 때문에 세상이 너희를 미워하느니라"(요 15:18-19).

그렇지만 소망을 가지고 진리를 따라 주님이 명하신 일을 끝까지 완주한 이들에게 주시는 말씀이 있다.

"착하고 충성된 종아 네가 적은 일에 충성하였으매 내가 많은 것을 네게 맡기리니 네 주인의 즐거움에 참여할지어다"(마 25:23).

더 깊은
곳으로

어느 날, 주석중은 후배 의사와 전화 통화를 하면서 이런 이야기를 나누었다고 한다.

"주니어 의사를 한 명 더 뽑을 거야. 1년 반 정도 가르쳐서 혼자 수술할 수 있게 독립시키고, 나는 편안한 때를 보내려고 해. 나는 이제 몇 년 안 남았으니까."

그가 세운 은퇴 후의 계획 중 하나는 신학을 공부하는 것이었다.

"도영아, 너희가 다 미국에 있으니 나도 은퇴하면 미국에 가서 신학을 공부해 보고 싶어."

아내에게도 이런 계획을 말하곤 했다.

"목회자가 되려고 한 것은 아니에요. 신학이라는 학문을 배우려고 한 것 같아요. 남편은 교회에 같이 다니는 친구도 없었고, 바쁘다 보니 공동체 모임에도 정기적으로 참석하기 힘들었어요. 간혹 인터넷 동영상으로 해외 목사님들의 설교를 들었지만, 특별히 한 목사님의 설교만 듣지는 않았어요. 대신 성경을 가까이 두고 꾸준히 읽었어요."

그는 관심이 있는 주제를 인터넷에 검색해서 관련 설교나 강의를 자주 들었다. 인물로는 존 파이퍼(John Piper), 웨인 그루뎀(Wayne Grudem), 팀 켈러(Timothy Keller) 등이 있고, 주제는 '고통에 대한 질문', '어떻게 어둠의 시기를 지날 것인가?', '구약성경은 그리스도인에게 어떤 가치가 있는가?', '하나님의 부르심과 교회' 등이다. 그의 가족이 증언하듯 그는 다양한 역본의 영어 성경을 꾸준히 읽었다. 그리고 와닿는 말씀을 붙들고 늘 기도했다.

그는 때로 긴 기도문을 썼다. 어떤 때는 1만 자가 넘는 영문 기도문을 쓰기도 했다. 그는 이 기도에서 자신의 고통을 토로하기도 하고, 죄에 대한 용서를 구하거나, 하나님을 향한 흔들리지 않는 믿음과 사랑을 고백했다. 한 편의 긴 서사시와 같은 이 기도에는 1부에서 언급한 "그가 그린 천국"에 대한 기도도 등장한다.

> 아버지, 지금은 제게 힘든 시간입니다. 저의 삶은 좋았지만, 투쟁의 연속이기도 했습니다. 성경을 보면 의인이라도 고난을 받을 수 있으며, 악인일지라도 형통할 수 있다고 합니다. 내가 고난을 겪는다고 해서 하나님이 나와 함께 계시지 않는다는 피상적인 생각은 이겨 내겠습니다. 결단코 하나님의 공의를 멀리하면서 나의 의를 주장하지 않겠습니다. 또한 지금 제가 당하는 고통과 고난에

의문을 제기하지 않겠습니다. 고난의 이유와 목적이 저의 교만을 없애는 것이라면, 하나님께서 나를 너무나 사랑하셔서임을, 그리고 다가올 시련을 통해 죄를 깨끗이 씻어 주실 것을 믿고 기뻐하겠습니다. 하나님께서 저를 이러한 시련에 가두실 만큼 귀하게 여기신다고 생각하는 것은 너무 거창한 의미 부여일까요? 하지만 그렇다면 이보다 큰 선물이 어디 있겠습니까?

오늘도 나를 돌보시는 동일하시고 영원하신 아버지께서 내일도 나를 돌보실 것입니다. 그분은 고통으로부터 나를 보호해 주시거나, 나에게 그것을 견딜 힘을 주실 것입니다. 나는 모든 불안한 생각과 상상을 제쳐 두고 이렇게 고백합니다.
"여호와는 나의 힘과 나의 방패이시니 내 마음이 그를 의지하여 도움을 얻었도다"(시 28:1).
"너희가 아버지께서 내 안에 계시고 내가 아버지 안에 있음을 깨달아 알리라"(요 10:38).

인간의 충성심과 신실함은 언제나 시간이라는 시험을 통과하지 못했습니다. 저도 예외는 아닙니다. 오직 하나님만이 한결같으셨습니다. 고의든 아니든 사람은 약속을 어길 수 있습니다. 특히 자신의 이익과 직접 연관되거나 관용의 한계에 도달할 때 더욱 그렇습니다. 그러나 저를 향한 주님의 사랑과 신실하심은 변하지 않습니다.

하나님께서는 항상 저를 인도하셨습니다. 지금 제가 존재할 수 있는 것은 하나님의 사랑 때문입니다. 그 사랑으로 지금까지 제 앞에 놓인 모든 장애물을 넘어설 수 있었습니다. 제가 하나님께만 충실할 수 있도록 오늘도 인도해 주십시오. 저에게 흔들리지 않는 용기를 주셔서, 오직 하나님께만 집중할 수 있게 해 주십시오. 항상 우리의 기도에 응답해 주셨듯이, 하나님께서는 결국 모든 것을 바로잡으시고 저의 온전함을 회복시켜 주실 것입니다.

그러나 주님의 응답은 우리가 원하는 때나 이해할 수 있는 방식으로 주어지지 않을 수 있습니다. 때로는 신비함으로 남습니다. 그러나 하나님께서는 언제나 주님의 방식에 따라 응답해 주셨고, 앞으로도 우리의 기도에 응답하실 것입니다. 그러므로 저는 하나님만 믿고 하나님께만 집중할 것입니다. 저에게 무한한 사랑을 보여주신 우리 구주 예수 그리스도의 이름으로 기도합니다. 아멘.

믿음과
구원

그는 2023년 4월부터 매일 아침 가족 단체 메시지 방에 성경 구절을 남겼다. 보통 말씀만 올렸지만, 믿음과 신앙에 대해 자신이 깨달은 바도 나눴다. 그는 아침에 읽은 성경 구절 중 마음에 남는 구절을 영어와 한국어로 적었다. 자신이 먼저 "아멘." 한 후에 자녀들에게도 "이걸 읽고 '아멘.' 해라." 하는 말을 덧붙이곤 했다. 막내는 아버지가 보낸 메시지들이 새삼 새롭다.

"장문의 메시지가 올 때는 솔직히 쓱쓱 보고 '감사합니다.'라고만 했는데, 지금 보면 한 줄 한 줄이 새롭게 느껴져요. 이런 일이 있을 줄 몰랐으니까요. '아빠가 돌아가시기 전에 더 자주 문자를 보낼걸.' 하는 아쉬움이 많이 남아요. 아빠가 보내신 문자를 읽는 것이 아직은 슬프지만, 그래도 제가 앞으로 살아가면서 가져야 할 마음가짐이나 알아야 할 메시지들을 다 주고 가셨다고 느껴요."

어떤 날은 하루에 여러 개의 문자를 보내기도 했다. 내용은 하나님의 용서와 구원, 고통과 자유의지, 사랑에 대한 주석중의 묵상이 었다.

"매일 하나님을 찾을 것"
우리는 하나님께 받은 것들로 살아가는데, 살다 보면 시련이나 힘든 일이 있을 때만 하나님을 찾게 되고 인생이 잘 풀릴 때는 모든 것이 내가 잘해서 그렇다는 생각에 하나님을 찾지 않게 되지. 그러니 하나님께 감사하는 마음을 잊지 않도록 매일 주기도를 한 번씩 소리 내서 외워라. 또한 모든 영광을 하나님 아버지께 돌리는 것을 잊지 말고, 우리 주 예수님의 이름으로 기도하도록 해라.

"고통의 이유"
비록 하나님의 뜻이 아니더라도 우리가 살면서 겪는 고통이나 모든 것에는 다 이유가 있고, 하나님께서 바로잡아 주실 또 하나의 대상이 된다. 각자 삶의 고달픔은 다르겠지만 공통적인 것은 다 아픔이 있다는 사실이다. 그럴수록 우리는 남을 미워하거나 증오하고, 세상을 저주하거나 분노하면서 살아가지 말고, 하나님을 향한 우리의 믿음을 더욱 굳건하게 하면서 살아야 한다. 결국에는 하나님께서 모든 것을 바로잡으실 것이니, 오직 나와 하나님만 생각하면서 하루하루 살아가길 바란다. 이 사실에 희망을 품지 못한다는 말은 하나님을 믿지 못하는 것과 다르지 않다. 하나님 안에서 희망을 느끼지 못한다면 어디서 그 희망을 찾을 수 있을까?

절망하지 마라. 예수님은 가장 어두운 순간에도 항상 당신과 함께 계신다. 당신이 인생에서 겪고 있는 모든 고통과 괴로움을 우리 구세주 예수님은 천배 더 강렬하게 경험하셨다. 예수님이 모든 것을 이해하시고 아시기 때문에 당신은 고통과 괴로움 속에서 혼자가 아니다.

"믿음과 자유의지에 대해서"
하나님을 믿지 않는 자들은 인간의 자유의지에 따라 믿지 않기로 선택한 사람들이다. 하나님은 우리에게 하나님의 존재에 대해서 다각도로 알려 주셨고, 우리를 위해 하나뿐인 아들이시며 하나님의 관점에서 완벽한 예수 그리스도를 십자가에서 희생시키셨다. 그런데도 예수 그리스도와 하나님께 다가가는 것을 거부하는 수많은 사람이 있다. 하나님은 그의 위엄으로 우리 모두를 하나님께 무릎 꿇게 하실 수 있지만, 우리의 자유로운 선택으로 하나님께 다가가기를 원하신다. 우리가 사는 동안 하나님께 갈 수 있는 문을 열어 두신다.
우리가 교회를 열심히 다니고 성경을 매일 읽어도 하나님에 대한 믿음이 잘 생기지 않는 것은 왜일까? 복음이란 주 예수 그리스도를 믿기만 하면 우리 죄를 용서받고 영생을 얻게 된다는 이야기인데, 그게 왜 이렇게 어려울까? 아무리 믿음을 가지려 해도 믿음이 생기지 않는 것은 왜일까? 에베소서 2장 8절은 이렇게 말한다. 믿음이란 하나님의 무한한 자비로 우리에게 주시는 것이지, 우리의 의지로 가질 수 있는 것이 아니라고 말이다. 구원받는 믿음은 나의 내면을 들여다보고 하나님께 진정으로 회개하여 내 삶이 달라진 후에야 비로소 얻게 되는 것이다. 산꼭대기에 가서 목이 터지게 '믿습니다.'라고 백날 외친다고 해서 믿는 자가 되는 것은 아니다. 믿음은 나의 죄를 회개하고 다시는 죄를 범하지 않는 삶에서 시작된다. 하나님의 뜻이 무엇인지 헤아려서 오로지 그 뜻을 따라 살아가야만 천국에서 영생의 약속이 담긴 복이 우리에게도 기쁜 소식이 되는 것이다.

그는 아내와 자녀들뿐 아니라 그의 어머니와 장인어른, 장모님을 위해서도 기도하고 복음을 전하는 일을 계속했다.

어머니에게
쓴 편지

주석중의 일기에는 10여 년 전 어버이날 있었던 부모님과의 재미있는 일화가 적혀 있다.

> 정명이가 오늘이 어버이날이라고 해서 이촌동에 가서 어머니 그리고 아버지께 점심을 사 드리기로 했다. 내 나이가 내일모레면 50세인데, 아이 셋을 낳고 큰아이가 곧 대학에 가게 된 지금까지 건강하게 살아 주신 부모님께 정말 감사하다.
> 이날은 마침 형수님도 시간이 되어서 같이 식사했다. 어머니는 모처럼 외식하러 왔는데, 틀니를 가져오지 않으신 아버지가 식사를 못 하실까 걱정하시기 시작했다. 매일 옥신각신하시면서도 아버지 생각을 끔찍이 하신다. 아무튼, 상황이 이런지라 아버지가 잘 드실 만한 메뉴로 선정했다. 누룽지, 유산슬, 탕수육, 만두, 끝으로 울면 한 그릇을 나와 아버지가 나누어 먹었다. 식사 후 각자 집에

가려는 찰나에 어머니가 반찬 몇 가지를 가져가라고 하셔서 다시 아파트로 향했다. 정명이가 힘들어 보여서 내가 갔다 오기로 하였다. 엘리베이터에는 어머니, 아버지 그리고 나, 우리 셋만 탔다. 별 생각 없이 있었는데, 엘리베이터가 8층을 지날 때쯤 아버지가 표정 하나 바뀌지 않은 채 11층에 도달할 때까지 일정한 강도로 잘 조절된 방귀를 길게 방출하셨다. 아버지가 그러시면 다른 사람이 탔을 때 죄 없는 어머니와 내가 의심을 받지 않겠냐고 했다. 오래간만에 아버지가 웃으시는 모습을 보았다.

   그의 아버지는 몇 년 전 돌아가셨다. 70대 초반에 뇌경색이 발병해서 약물로 혈관을 확장했지만, 점점 말이 느려지고 어눌해졌을 뿐 아니라 대장 쪽까지 문제가 생겼다. 어머니가 아버지를 혼자 간호하기 힘들어지자 요양병원으로 모셨고, 거기서 2년간의 세월을 보내다 세상을 떠나셨다.
   작년 봄, 어머니의 치매가 깊어져 쓰러지신 후 의식이 없으신 채로 콧줄에 의지하게 되자, 그는 더욱 간절히 어머니의 영혼을 위해 기도했다.

   오 아버지, 이제 어머니의 생명 줄은 더욱 얇아졌고, 머지않아 흙이 되어 어머니가 왔던 곳으로 돌아갈 것입니다. 부디 어머니가 하나님 앞에서 심판과 벌을 받는 일이 없게 해 주세요. 저는 어머니를 구하고 싶습니다. 아버지도 구원받기를 바랐지만, 그분을 구원으로 인도할 수 없었습니다. 부디 저를 용서해 주세요. 저에게 지혜를 주셔서 어머니만은 하나님을 바라볼 수 있게 해 주세요.

어머니의 마음을 열어 주셔서 어머니가 세상의 잘못과 어리석음을 깨닫도록 도와주세요. 어머니의 길을 안전하게 인도해 주세요. 하나님께서는 지옥의 깊은 곳까지 가실 수 있고, 사탄의 소굴에서도 승리하실 수 있습니다. 하나님은 무엇이든 하실 수 있습니다.

그는 헤드셋을 사서 어머니 귀에 찬양을 계속 들려주었다. 그리고 여전히 회개할 기회가 있음과 하나님을 만날 수 있다는 믿음을 가지고 어머니에게 다음과 같은 편지를 썼다.

엄마,
엄마의 여생이 5년이 될지 10년이 될지 아무도 모르는 일이지만 이제는 여생을 어떻게 보낼지에 대해서 생각해 보셨을 것 같아요. 엄마가 죽게 되면 엄마의 영혼이 어떻게 될지 생각해 보신 적 있어요? 모든 사람은 죽은 후에 예외 없이 하나님 앞에서 자기가 살아왔던 삶에 대한 심판을 받게 돼요. '하나님을 믿지 않기 때문에 난 상관없다.'라고 생각할 수 있지만, 하나님이 유일한 신이기 때문에 그것만으로는 용서가 안 돼요. 하나님을 몰라서 하나님을 믿지 않은 것도 용서가 안 되는데, 하나님의 존재에 대해 알면서도 하나님을 믿지 않았다면 어떻게 용서받을 수 있을까요? 죄를 깨끗하게 씻음 받지 못한 인간은 거룩하신 하나님이 계신 천국에 들어갈 수 없어요. 아무리 내가 선하게 살아왔다고 해도 인간은 원죄가 있고, 인간이 이 세상을 살아가면서 지은 죄가 너무 무거워서 그 어떠한 노력으로도 우리 죄를 씻을 수 없어요. 오로지 하나님의 자비를 통해서만 그 죄를 없앨 수 있고, 죄로부터 자유로워질 수 있어요. 이걸 알았다면 엄마는 지금까지 하나님 앞에서 지은 모든 죄를 인정하고 속죄하고 용서를 구해야만 해요. 그리고 더는 죄를 짓지 않겠다고 약속하면 천국에서 영생을 얻게 돼요. 여기에는 조건이 있는데, 먼저 하나님을 믿고 하나님의 뜻에 따라 사는 거예요. 엄마, 엄마의 영혼이 하나님께 용서받고 구원받을 기회가 있는 지금부터 모든 노력을 다 해서 하나님과의 관계를 바로잡아야 해요. 시간이 많지 않아요. 엄마에게는 이것이 제일 중요해요. 그렇지 않으면 엄마는 죽어서 지옥에 가게 돼요. 지옥은 우리가 느낄 수 있는 모든 고통을 쉴 새 없이 영원히 반복해서 겪는 곳이에요. 다른 모든 사람, 심지어는 엄마 자신까지 속일 수 있어도 하나님은 절대 속일 수 없어요. 엄마 마음속에 엄마만 알고 있는 깊은 죄까지 그리고 엄마가 잊고 지냈던 과거의 죄까지도, 이 모든 것들을 하나님 앞에서 인정해야 해요. 왜냐하면, 전지전능하신 하나님은 모든 것을 다 알고 계시기 때문이에요. 모든 죄를 빠짐없이 다요.

엄마가 죽은 다음 하나님이 "너는 지난 인생을 어떻게 살았는가?" 하고 물으신다면 어떻게 대답하실 거예요? 그때 과연 하나님 앞에서 자신 있게 "난 죄를 지은 적이 없으니, 천국에 들어가게 해 달라."고 할 수 있을까요? 다른 신이 엄마의 모든 죄를 깨끗이 없애거나 우리가 사는 동안 죄에 대해 속죄하고 없앨 기회를 주지 않아요. 오로지 하나님만이 항상 우리에게 그런 기회를 주세요. 지금처럼요. 엄마, 하나님을 믿는다면 죽음은 끝이 아니고 천국에서 행복하게 사는 영생의 시작을 의미해요. 구원의 조건은 그다지 까다롭지 않아요.

첫째, 하나님을 믿고 따라야 하고
둘째, 나의 모든 죄를 솔직하게 하나님 앞에서 인정하고 속죄하며
셋째, 하나님의 말씀대로 사랑을 베풀고
넷째, 앞으로 더는 죄를 짓지 않겠다고 약속하면 돼요.

엄마가 이렇게만 한다면 지금까지 지은 모든 죄가 다 빗물에 씻겨 내려가듯 말끔히 씻길 것이고, 하나님은 엄마의 영혼을 흰 종이처럼 깨끗하고 아름답게 만들어 주실 거예요. 그리고 나서 천국에 들어갈 수 있게 허락하실 거고요. 지금 나의 육신은 다 없어지고, 새로운 존재로 변화되어 천국에 들어가게 될 거예요. 엄마뿐만 아니라 우리 모두의 희망은 세속적인 이 세상에 있는 것이 아니고

천국에서 우리를 기다리시는 하나님 곁에서 누리게 될 영생에 있다는 것을 알았으면 해요.

주석중이 누워 계신 어머니에게 복음을 전했을 당시, 아내는 이 편지의 존재를 알지 못했다. 나중에 한글로 쓴 이 편지를 보고 그가 어머니께 전달할 내용을 미리 써서 연습했다는 것을 알게 되었다. 그는 어머니에게 복음을 전한 후에 아내에게 말했다.
"어머니께서 들으신 것 같아. 아시는 것 같아."
그는 사랑하는 가족들의 구원을 위해 간절히 기도하고 기회가 닿는 대로 복음을 전했다.

하나님 아버지, 세 아들 현영, 소영, 도영이를 돌봐 주세요. 우리 가족이 회개하여 죄에서 돌이키고, 예수 그리스도를 통해 구원받을 수 있도록 인도해 주세요. 장모님께 복음을 전해 드렸습니다. 장모님을 인도하시고 모든 죄를 진실하게 회개하고 구원받을 수 있게 해 주세요. 저의 어머니와 장인어른 그리고 형제들, 모든 친척이 이 생명의 길을 가게 해 주세요. 우리 주 예수 그리스도의 이름으로 기도합니다. 아멘.

그가 사랑과 믿음으로 드린 기도는 지금도 하나님의 섭리와 은혜 안에서 이루어지고 있으리라.

건네지 못한
생일 카드

친척들이 "막내만 편애한다."라고 할 만큼 주석중은 늦둥이 막내를 귀여워했다. 대부분의 가정에서 막내는 귀여움을 독차지하기 마련이다. 첫아이 때는 처음인 부모 역할에 서툴다. 그러다 둘째가 태어나면 기저귀를 갈아도 조금은 능숙해지고, 나이 터울을 두고 셋째까지 태어나면 부모에게도 마음에 여유가 생긴다.

주석중의 공중보건의 시절에 첫째 아이가, 미국에 연구 의사로 가자마자 둘째 아이가 태어났다. 그가 귀국해서 이직하고 적응하는 사이 두 자녀를 키우는 일은 오롯이 아내의 몫이었다. 아이들은 수술과 당직으로 바쁜 아빠의 얼굴을 거의 볼 수 없었다.

이에 반해 2003년, 막내아들이 태어났을 즈음에는 그가 안정적인 직장에서 조교수로 일하고 있었기 때문에 첫째와 둘째 때보다 아이가 커 가는 모습을 볼 기회가 많았다. 게다가 막내는 첫째와 10살, 둘째와 7살이나 차이 나는 늦둥이였으니 그의 눈에 더욱 귀여웠으리

라. 그가 일기장에 막내아들에 관해 쓴 내용을 보면 얼마나 아이를 귀여워했는지 알 수 있다.

도영이는 벌써 3학년이 되어서 학업에 신경을 더 많이 써야 할 나이가 되었다. 앉아서 공부하는 모습을 보면 왜 이리 귀여운지.

도영이는 갈수록 얼굴이 커지고 부피도 풍만한 통통한 아이로 커 가는 모습을 보이지만, 여전히 너무 사랑스러워 나로서는 어찌할 수가 없다. 자꾸 볼을 꼬집어 보고, 머리도 쓰다듬고 싶어 참을 수가 없다.

첫째와 둘째를 크리스천 기숙학교에 보냈기 때문에 가끔 주말에만 만날 수밖에 없는 것이 아버지로서 못내 아쉬웠지만, 막내와는 많은 시간을 함께 보내며 장난도 치고, 자전거를 타기도 했다. 그렇게 부자는 편하게 이런저런 이야기를 나누는 친구 같은 친밀감을 형성할 수 있었다.

그러던 막내가 자라 미국에 있는 대학에 다니다가 입대를 하기 위해 귀국했다. 입대 전 3개월 동안 한국에서 인턴십을 하려고 조금 일찍 온 것이다. 한없이 어리게만 보였던 아들의 첫 사회생활을 본 그의 마음은 기쁘고 대견했다. 하루는 아들이 회사에서 함께 일하던 사람과 사소한 말다툼이 있었다며, 아버지에게 하소연했다. 그는 아들의 이야기를 다 듣고 나서 이렇게 조언했다.

"좋은 인생 경험이라고 생각해. 사회생활 하면서 절대 감정적으로 대응하면 안 된다. 한 번 내뱉은 말은 수습이 안 되기 때문이야. 그리고 나중에 그 사람을 어디서 다시 만나게 될지 몰라. 친분을 쌓는 것이 아니라면 차라리 중립을 유지하는 것이 백번 낫다. 한 번 적으로 굳혀지면 되돌릴 수 없거든. 알았지?"

아들은 아버지의 말을 깊이 새겼다. 첫 사회생활을 해서 번 돈으로 아들은 아버지에게 카드 지갑을 선물했다.

"이거 못 쓰겠네. 너무 아까워서."

"그래도 제가 드렸으니까 꼭 쓰세요."

주 교수는 휴대전화 케이스를 지갑 겸 사용했기 때문에 카드 지갑을 딱히 쓸 일이 없었지만, 아들의 성의를 생각해서 늘 카드 지갑을 들고 출근했다. 그리고 연구실 책상에 앉아서 카드 지갑을 여닫으며 "I love it!"이라 말하는 영상을 찍어 아들에게 보냈다. 하지만 얼마 후, 다시 지갑을 쓰지 않고 소중히 보관하는 그를 보고 아들이 물었다.

"아빠, 왜 안 들고 가세요?"

"잃어버릴까 봐 무서워서 못 들고 가겠다."

아버지가 떠난 후, 연구실에서 유품을 정리하던 아들은 생일 카드 한 장을 발견했다. 수신인은 막내였다.

사랑하는 도영이,

도영이는 아빠의 태양

도영이는 아빠가 제일 좋아하는 음악

도영이는 아빠가 제일 좋아하는 음식

도영이는 아빠가 제일 좋아하는 사진

도영이는……

생일 축하해.

-아빠가

자신이 좋아하는 것들을 아들에 비유한 러브레터이자 생일 축하 카드는 끝내 아들에게 직접 전달되지 못했다.

"스무 살 생일에 셀프 영상을 찍었는데, 아빠에게 제가 성인이 된 기념으로 덕담을 부탁드렸어요. 생일 때마다 그걸 볼 수 있어서 너무 좋았는데, 이 생일 카드도 그럴 것 같아요. 카드에는 언제 쓰셨다는 날짜가 없어요. 저는 이게 더 좋아요. 매년 올해 받은 것처럼 생각하고 볼 수 있잖아요."

군 복무로 한국에 들어와 있던 막내와 달리 첫째와 둘째는 아버지를 못 본 지 2~3년이 다 되어 가고 있었다. 몇 년 전 할아버지가 돌아가셨을 때 귀국하려 했지만, 코로나19로 인해 쉽지 않아 가족 상봉이 이루어지지 못했다. 막내는 아버지와 시간을 보낼 기회가 많이 없던 형들이 못내 안타깝다.

"형들은 대학 졸업 후 각자 자리 잡고 직장생활을 시작해서 이제야 아버지를 챙겨 드릴 수 있게 됐는데, 이렇게 이별하게 돼서 너무 슬플 것 같아요."

한편 형들은 어린 나이에 아버지를 떠나보낸 막내를 더 염려했다. 하지만 그것도 기우였다. 아버지가 보여준 사랑이 얼마나 크고 깊었는지 아들의 고백 속에서 충분히 느낄 수 있다.

"저는 충분히 사랑받은 것 같아서 감사해요. 물론 더 오래 받았으면 좋았겠지만요. 우리 가족은 서로 스킨십도 많고 말로도 사랑 표현을 많이 해요. 아빠도 항상 사랑한다고 이야기해 주셨어요. 말뿐 아니라 충분히 사랑받는다고 느낄 수 있게 해 주셨어요."

가장 크고
유일한 영광

신성호 교수는 주 교수의 연구실에 방문했을 때 벽에 붙은 십계명을 보고 물었다.

"선생님, 이렇게 살고 계세요?"

"이렇게 살려고 노력하지. 내가 부족하니까 붙여 놓은 거야."

그의 연구실 벽에는 십계명 외에도 주기도, 자필로 쓴 기도문 그리고 다음의 글귀가 있었다.

> Father help me
> find ways to stay on my toes
> it ain't over yet,
> Amen.

아버지, 제가 정신을 바짝 차리고

주의를 기울일 수 있게 도와주세요.

그것은 아직 끝나지 않았습니다.

아멘.

"stay on my toes"는 발가락으로 서 있는 것처럼 조심스럽게 행동하고, 긴장의 끈을 놓지 않는 상태 곧 주의를 집중하는 상태를 나타내는 관용적인 표현이다. 평생을 흉부외과 의사로 살아온 그의 삶이 어떠했는지 엿볼 수 있다. 갑작스러운 사고로 떠나기 석 달 전인 2023년 3월, 그가 남긴 글이다.

삶은 찰나와 다름없습니다. 그런데도 우리는 우주라는 광활한 공간을 떠도는, 눈에 보이지 않는 먼지 한 점에 지나지 않는 덧없는 것들을 두고 투쟁합니다.

우리는 싸우고, 원한과 악의를 품고, 부당한 대우를 받았다고 느끼면서 우리보다 더 많이 가진 사람들을 비통과 분노, 시기심으로 바라봅니다. 그러나 사랑이 많으신 아버지는 이미 우리 모두에게 정당한 몫을 주셨거나 주고 계십니다.

주님, 주님만을 절대적으로 신뢰하며 마음에 악한 생각을 품지 않을 것입니다. 천국에서 주님 곁에 머물 저에게 예비된 영원한 행복을 생각할 때, 지금 겪는 사소한 어려움은 무의미합니다. 그러니 아버지, 언제나처럼 저를 지켜 주세요. 저를 붙잡아 주세요. 보이지 않는 예수님의 손으로 제 손을 잡아 주세요.

나는 하나님께서 주신 시간을 살아가는 동안, 몸은 단지 내 영혼이 거주할 껍데기에 불과하다는 것을 깨닫습니다. 나이가 들고 시간이 지날수록 주름은 깊어지고, 뼈는 예전처럼 몸을 지탱할 수 없고, 근육에 있던 젊은 날의 힘은 서서히 사라집니다. 천천히 그러나 확연히 시들어 가고 생명력을 잃어 가는 식물처럼, 내 육신은 늙어 갑니다.

그러나 내가 하나님으로 인해 살고, 하나님을 믿고 내 죄에서 돌이켜 오직 하나님만 바라보면, 하나님께서 베푸시는 구원을 얻을 것입니다. 내 영혼은 그 어느 때보다 더 밝고 아름다운 존재, 내가 본 가장 하얀 눈보다 더 밝고 순결한 존재에게 바쳐질 것입니다. 이 소망 가운데 나는 내 영혼을 아름답게 만들기 위해 영원히 노력할 것이며, 이 세상의 덧없는 것들에 더는 집착하지 않을 것입니다.

나는 이제 내가 가장 큰 죄를 지었다는 것을 깨달았습니다. 나에게 능력과 힘을 주신 분이 바로 주님이심을 알았음에도 교만했습니다. 나의 자존심이 모욕당했다는 사실에 마음 아파했지만, 애초에 모욕받을 일이 없는데 내가 누구에게 모욕감을 느끼겠습니까?

나는 맞닥뜨린 수치심과 굴욕의 고통을 참을 수 없었습니다. 얼마나 뻔뻔하고 오만합니까? 내 자존심에 대한 공격은 환상에 불과했습니다. 내 이름에 주시는 유일한 영예와 영광은 오직 하나님만이 부여하실 수 있습니다. 모든 영광은 하나님의 것이었고, 나의 유일한 영광은 내가 하나님께서 선택하신 도구가 되었다는 것입니다. 이것이 나의 가장 큰 영광입니다.

평생 당신의
조연이 될게

아이 셋을 낳고 키운 아내를 향해 여전히 여자로서 아름답고 예쁘다고 말하는 남편은 흔치 않다. 주석중은 그 흔치 않은 남편이었다.

"아들 셋을 키우는 엄마는 깡패가 된다고 하는데, 그나마 저에게 여성성이 조금 남아 있다면 남편 덕분이에요. 아침에 눈만 떠도 예쁘다고 할 정도로, 콩깍지가 계속 씌어 있어서 다행이었죠. 남편 덕분에 여자로서 자존감을 잃지 않았던 것 같아요."

그는 아내에게 밝고 화사한 옷을 권하면서도 정작 자신은 옷이나 외모에 크게 신경 쓰지 않았다. 옷장을 정리하던 막내는 아버지의 낡은 셔츠들을 떠올렸다.

"엄마는 그렇게 챙기는데, 아빠는 신발도 다 닳을 때까지 신으셨어요. 외적인 것에 관심이 없으셨고, 사치하는 것도 싫어하셨어요. 한번은 큰형이랑 제가 비싼 옷을 사려고 했는데, 아빠가 쓸데없는 데 돈 쓰지 말라고 하셨어요."

이런 그도 아내에게만큼은 달랐다. 큰아들 졸업식 참석차 뉴욕에 갔을 때 가족들은 아웃렛 매장에 들렀다. 여성 의류 판매대에 밝고 화려한 원피스들이 쭉 걸린 것을 보고 그는 아내를 향해 자신만만하게 말했다.

"사고 싶은 거 다 사."

그는 아내에게 사랑 표현을 자주 하는 다정한 남편이었다. 아침에 집을 나설 때면 아내를 안아 주면서 입맞춤하고는, 병원에 도착하자마자 전화를 했다.

"나 잘 도착했어."

수술을 마치고, 밥을 먹고 나서 등 그는 틈날 때마다 아내에게 자신의 일정을 공유했다. 어떤 날은 하루에 대여섯 통씩 전화할 때도 있었다. 아내가 모임을 하고 있을 때 전화벨이 울리면, 아내 친구들이 눈치를 챘다.

"또 남편 전화네."

집에 온 아내가 한마디 했다.

"나 스토킹하는 거야?"

이튿날 그는 천연덕스럽게 전화해서 이렇게 말했다.

"스토킹하려고 전화했어."

막내아들이 "아빠는 엄마가 없으면 아무것도 못 해요."라고 할 만큼, 병원 밖 생활에서의 그는 '손이 많이 가는 남편'이었다. 조카도 이모부를 잘 알고 있었다.

"미국에 계실 때 이모부 댁에 놀러 간 적이 있어요. 이모부가 영어를 훨씬 잘하시는데도 모든 전화를 이모가 받으셨어요. 이모부가 오롯이 병원 일만 할 수 있게 운전을 포함한 거의 모든 것을 이모가 서포트하셨어요."

매주 부모님 댁이나 교회에 갈 때도 운전은 아내의 몫이었다. 멀리 학회에 갈 때도 특별한 일이 없으면 아내에게 운전을 부탁했다.

"운전 좀 해 줄 수 있어?"

그러고는 자신은 차에서 읽을 두툼한 논문 더미를 들고 조수석에 탔다.

그가 자기 분야 외의 것에 얼마나 무신경했는지 알 수 있는 일화가 있다. 신혼 시절, 아내는 양치질하려고 칫솔을 들었다가 이미 물기가 있는 것을 보고 남편을 불렀다.

"당신, 내 칫솔 썼어요?"

"어! 내가 방금 그 칫솔 썼는데, 내 거 아니야?"

아내는 이런 남편이 참 귀여웠다. 하루는 아내가 "나는 아들 넷을 키워."라고 했더니 그날 저녁 그가 현관문을 열고 들어오면서 "엄마, 나 왔어."라고 말했다. 아내는 그런 남편의 모습을 떠올린다.

"그런 일상이 감사했다는 생각이 이제야 드네요."

둘은 천생연분이었다. 사람들과 있을 때는 말수도 적고 내성적인 남편과 다르게 아내는 독립적이고 외향적이었다. 사람들과 만나는 것도 좋아하고 친구도 많았다. 아내는 시간이 나면 여성문화센터에 가서 영어와 일본어 같은 외국어도 배우고, 평소 관심 있던 재봉 기술을 배우기도 했다. 공부하고 실습까지 해서 사회복지사 자격증도 취득했다. 아이들을 키우고 남편을 내조하면서도 자신만의 시간을 생산적으로 보낸 것이다. 그러면 그는 연구실에 있다가 아내가 도착하는 시간에 맞춰 퇴근했다. 주석중은 아내가 가정의 중요한 기둥임을 알고 있었고, 모든 면에서 아내를 우선으로 생각했다.

"남편이 아이들을 야단치는 이유의 80% 이상이 '엄마 힘들게 해서'일 정도로 저를 첫 번째로 생각해 줬어요. 늘 '당신이 편안해야 해.'라고 말했죠."

그는 자주 아내를 향해 사랑을 고백하며 아내의 사랑을 확인하곤 했다.

"사랑해."

"알았어."

"당신도 나 사랑해?"

"그래, 나도 똑같아."

아내는 이런 말을 하는 게 쑥스러웠다. 이제 남편이 옆에 없다는 사실 때문에 아내는 모든 것이 아쉽고 미안하다.

"내가 더 사랑한다고 이야기했으면 좋았을 텐데……. 그게 너무 후회돼요. 사랑한다는 말을 많이 하지 못해서."

그녀가 한 달 동안 장애인 시설에서 아침부터 저녁까지 봉사 활동을 했을 때의 일이다. 주석중은 평소와는 다르게 길고 진지한 내용의 메시지를 아내에게 보냈다.

"뭔가 마음이 동했나 봐요. 당시 저는 좀 뜬금없다 싶었는데, 지금 와서 보니 너무 소중하네요."

나의 사랑 정명이.
나의 이기심과 욕심을 허락하면서 나에게 한 번도 어떠한 희생도 요구하지 않았지만, 본인은 나와 가족을 위해 모든 것을 희생하는 사랑하는 정명이는 나를 부끄럽게 해. 성경을 조금 읽었다고 하나님을 만날 때 껍데기에 불과한 육신에 연연하지 말고 우리 마음속의 영혼을 아름답게 가꾸는 데 신경을 써야 한다는 말을 자기 앞에 내뱉는 나 자신이 가증스럽게만 느껴지는 것은 왜일까?
당신은 내가 지금까지 본 사람 중에 가장 아름다운 영혼을 가졌어. 하나님이 베푸시는 구원을 위해 모든 죄를 고백하고 회개해야 한다고 하지만, 당신을 보면 무슨 죄를 회개할지 상상이 안 가.
나는 회개할 게 너무도 많은 죄인이라 예수님의 희생이 아니었다면 도저히 그 많은 죄로부터 깨끗해질 수 없을 거야. 내가 젊었을 때는 보석 같은 당신의 진가를 나를 위한 것으로 생각하고, 내가 얼마나 복을 많이 받았는지 잘 몰랐던 것 같아.
젊은 시절의 나는 자리를 잡아야 한다고 생각했고, 야심도 많고, 살아남아야 한다는 심적 압박을 가족을 위한 것이라 여겼어. 나의 성공이 곧 가족의 성공이라고 모든 것을 정당화했기 때문에 모든 것이 나를 중심으로 돌아가야 한다고 생각했지. 지금 돌이켜 보면 내가 당신을 좀 더 행복하게 해 주지 못했던 것이 미안하고 후회가 돼. 그런데도 한결같이 나를 사랑하고, 나만을 위하는 당신을 보면 나 스스로가 부끄럽고 한없이 작아지는 것을 느껴.

이제 앞으로 남은 인생은 당신을 위해 살게. 이제 당신이 원하는 것은 다 해. 지금부터는 당신이 우선이고, 나는 당신을 위한 조연만 할게. 사랑해.

당신을 통해
우리는 감사함으로 살아가는 것이
무엇인지 알게 되었어.
어떤 상황에서도 힘을 잃지 않고 살아간다는 것이
무엇인지도 알게 되었어.

당신과 우리의 이야기가
누군가에게는 작은 위로가 되길.
남은 우리의 삶에
감사함이 쌓여서
앞으로 우리가 살아갈 힘이 되길.

천국에서 당신을 만날 그날에는
더 멋진 모습으로 만날 수 있길.

-아내, 김정명

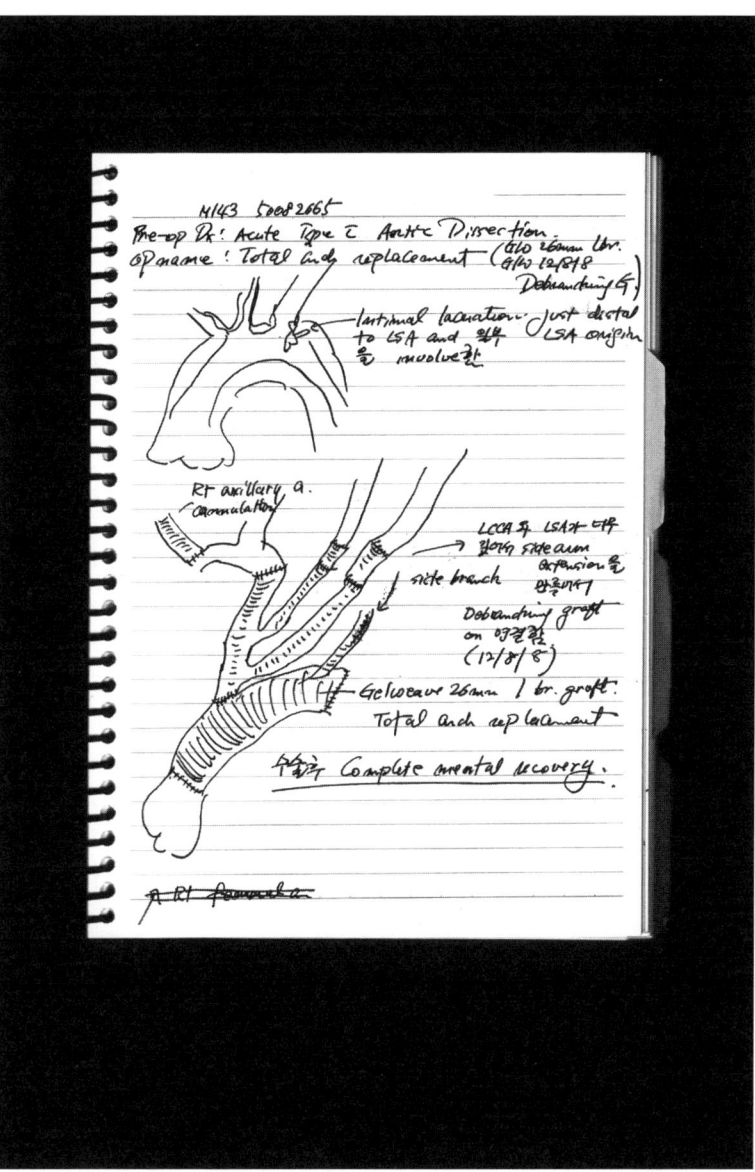

주석중의 수술 일지, 환자의 상태와 수술 과정 기록

참고한 글과 영상들

1. 대한흉부심장혈관외과학회, 『2015 흉부외과백서:성장과 전망』, 2015.

2. 대한흉부심장혈관외과학회, 『사진과 함께 보는 대한민국 흉부외과 역사:학회 창립 50주년 기념』, 2018년 10월 25일.

3. 서울아산병원, 『서울아산병원 뉴스매거진』(530호), 2016년 4월 1일.

4. 서울아산병원, "대동맥(Aorta)", 2024년 2월 1일 기준, https://www.amc.seoul.kr/asan/healthinfo/body/bodyDetail.do?bodyId=200.

5. 서울아산병원, "대동맥 박리 수술 성공률 98%", 2024년 2월 1일 기준, https://www.amc.seoul.kr/asan/depts/ihc/K/bbsDetail.do?menuId=1393&contentId=267870.

6. 『서울경제』, "[사람in] 흉부외과 의사 '대체 불가'…10년 내다보고 인력 양성해야", 2023년 6월 26일, https://www.sedaily.com/NewsView/29R08B3931.

7. 『울산경제』, "흉부외과 의사의 길", 2023년 8월 17일, https://www.ulkyung.kr/news/articleView.html?idxno=26519.

8. 『의사신문』, "수많은 생명 살린 흉부외과 교수 참변에 애도 물결", 2023년 6월 17일, http://www.doctorstimes.com/news/articleView.html?idxno=223207.

9. 의학채널 비 온 뒤, "환자와 동료 의사가 말하는 故 주석중 교수의 못다한 이야기", 2023년 6월 24일, https://youtu.be/dnUCwTaUr_o?si=BWMUc7Da9H7yu89I.

10. 『의협신문』, "신규 전문의 2727명 배출", 2024년 2월 19일, http://www.doctorsnews.co.kr/news/articleView.html?idxno=153479&sc_word=%EC%A0%84%EB%AC%B8%EC%9D%98%EC%9E%90%EA%B2%A9%EC%8B%9C%ED%97%98&sc_word2=.

11. KBS 다큐 인사이트-빅팀, "하늘에서는 응급콜에 깨는 일 없길", 2023년 10월 12일, https://youtu.be/MPb7ExraVbw?si=JQq-DIcE0Pz8CJ7H.

12. KBS 다큐 인사이트-빅팀, "故 주석중 흉부외과 교수가 떠난 후 남겨진 질문들, 병원은 왜 존재하는가. 중증 응급의료의 현실", 2023년 10월 12일, https://youtu.be/cL0iGcqBqag?si=BK_rMLZpUgmbkNDN.

13. SBS 뉴스, "밤샘 수술 서울아산병원 흉부외과 의사, 병원 앞 교통사고로 사망", 2023년 6월 17일, https://news.sbs.co.kr/news/endPage.do?news_id=N1007232788&plink=COPYPASTE&cooper=SBSNEWSEND.

14. Ho Jin Kim, M.D., Hong Rae Kim, M.D., Sung Jun Park, M.D., Joon Bum Kim, M.D., Ph.D., "In Memoriam: Suk Jung Choo(1964–2023)", JCS:Journal of Chest Surgery, 2023년 11월 5일, http://www.jchestsurg.org.

15. HTB Church, "How to deal with dark times(Tim Keller)", 2018년 10월 29일, https://youtu.be/ulmaUtbayGY?si=KJFKpG9e8glGo4oH.

"이 책이 출간되기까지 도움을 주신 분들께 감사드립니다."

신성호, 윤민구, 이미경

의사, 주석중

초판인쇄	2024년 6월 15일
초판발행	2024년 6월 20일
엮 은 이	정 영
펴 낸 이	강성훈
발 행 처	소북소북
주 소	03128 / 서울시 종로구 대학로3길 29, 신관 4층(총회창립100주년기념관)
편 집 국	(02) 741-4381 / 팩스 741-7886
영 업 국	(031) 944-4340 / 팩스 944-2623
홈페이지	www.pckbook.co.kr
인스타그램	pckbook_insta
등 록	No. 1-84(1951. 8. 3.)

책임편집	정현선	표지 일러스트	최은진
기 획	이슬기 최지설	표지 디자인	송민호
편 집	이슬기 김은희 이가현 강수지	디자인	남충우 김소영 남소현
경영지원	박호애 서영현	마케팅	박준기 이용성 성영훈 이현지

ISBN 978-89-398-7005-5
값 16,700원

소북소북은 한국장로교출판사의 출판 브랜드입니다.

※ 이 출판물은 저작권법에 의해 보호를 받는 저작물이므로 무단전재와 무단복제를 할 수 없습니다.